M&Aを成功に導く

中小企業の

PMI

実践マニュアル

弁護士 **皿谷 将** 著

日本法令®

はしがき

　令和4年3月、中小企業庁は「中小PMIガイドライン」[1]を公表した。ここでいう「PMI」（Post Merger Integration）とは、主にM&A成立後に行われる統合作業のことを意味している。「中小PMIガイドライン」は、中小企業の事業の引継ぎを行うためのM&A（中小M&A）におけるPMI（中小PMI）について、現時点の知見として、主に譲受側が取り組むべきと考えられる取組を整理した指針である。本書は、主に同ガイドラインに即して、中小PMIについての解説を試みる入門書である。

　第1章では、同ガイドライン［第1章（中小PMI総論）］に準拠し、PMIとは何か、PMIの目的・必要性や進め方、重要なポイント等、中小PMIの概要について説明している。第2章では、中小企業のための事業承継・引継ぎ支援策における、同ガイドラインの位置付けについて説明している。第3章では、中小M&Aプロセスの全体像について説明している。第4章では、同ガイドライン［第2章（中小PMI各論）］に準拠し、中小PMIの各フェーズにおける各種取組のゴール、ポイント、具体的な取組の手順等について説明している。最後に、第5章では、同ガイドラインの発展の方向性について、私見を述べている。まずは第1章をご覧いただき、必要に応じてその他の章をご覧いただければと思う。

　本書の基本的なスタンスとして、可能な限り、当職の偏見を排し、同ガイドラインをベースに、その行間を埋める「補助線」となるよ

1　「中小PMI支援メニュー」を策定しました【経済産業省】
https://www.meti.go.jp/press/2021/03/20220317005/20220317005.html

うに努めたつもりではあるが、力の及ばない点についてはご容赦いただきたい。また、同ガイドラインと同様、本書で説明する取組はあくまで一例であるため、ご留意いただきたい。

　ここで、言葉づかいの話になるが、M&Aの当事者の呼称は、いわゆる「売り手」については「譲渡側」や「譲り渡し側」、「買い手」については「譲受側」や「譲り受け側」としている。

　加えて、この場をお借りしてお知らせしたいのが、同ガイドラインの理解を助けるために必要ないくつかのツールの存在である。まず、同ガイドラインの序盤（2〜4ページ）には、「ガイドラインの該当箇所（利用シーン別）」という箇所があり、各ニーズに応じた逆引き検索が可能となっている。また、終盤（123〜124ページ）には、「参考情報一覧」という箇所があり、同ガイドライン本文中で引用している各種支援策等について列挙している。さらに、同ガイドラインは120ページを超える大部となっているが、「概要版」は合計12ページにコンパクトにまとめてあるため、初学者の方や、セミナー講師をされる方などを中心に、「概要版」も適宜活用いただければと思う。これらのほか、中小企業庁は同ガイドラインについての動画（中小PMIガイドライン講座）も配信しているので、こちらもご覧いただくと理解がより深まるものと思う。

　なお、当職は、経済産業省中小企業庁事業環境部財務課の任期付公務員として、同ガイドラインや「中小M&Aガイドライン」[2]、「事業承継ガイドライン（第3版）」[3]の策定を含む事業承継・引継ぎ支

2　「中小M&Aガイドライン」を策定しました【経済産業省】
　　https://www.meti.go.jp/press/2019/03/20200331001/20200331001.html

援策の立案等に関与したが、本書はあくまで執筆時点における当職の個人的見解を記したものであり、所属した組織の見解ではない。この点についてはあらかじめお断りさせていただきたい。

　最後となるが、株式会社日本法令の竹渕学氏には、何かと勝手のわからない当職に、様々なご示唆を賜ったこと、この場をお借りして御礼申し上げる。また、これまでお世話になった経営者の皆様、経済産業省でご一緒させていただいた職員、有識者や支援機関の皆様をはじめ、様々な関係者の皆様にも、厚く御礼申し上げる。そして、家族には、団欒の時間を削ってまで執筆に励んだことをお詫びするとともに、近くで執筆を見守ってくれたことについて感謝の気持ちを述べたい。皆様の御蔭で、初の単著である本書を刊行することができた。

　　令和5年3月

　　　　　　　　　　　　　　弁護士　**皿谷　将**

3　「事業承継ガイドライン」を改訂しました【経済産業省】
　https://www.meti.go.jp/press/2021/03/20220317004/20220317004.html

目　次

[第1章 中小PMI総論]

[第2章 「中小PMIガイドライン」の位置付け]

第3章　中小M&Aプロセス概論

[🧩 **第4章 中小PMI各論**]

第5章 「中小PMIガイドライン」の発展の方向性

◎本書中、下記資料の引用箇所については、右のとおりに出典を表記しています。

- 「中小PMIガイドライン ～ 中小M&Aを成功に導くために～」（令和4年3月、中小企業庁） → PMIGL
- 「中小M&Aガイドライン —第三者への円滑な事業引継ぎに向けて—」（令和2年3月、中小企業庁） → MAGL
- 「事業承継ガイドライン（第3版）」（令和4年3月改訂、中小企業庁） → 承継GL

中小PMI総論

はじめに

　本章では、本ガイドライン第1章（中小PMI総論）に準拠し、関連する資料を交えながら、中小PMI総論について解説する。

　PMIとは、主にM&A成立後に行われる統合に向けた作業であり、M&Aの目的を実現させ、統合の効果を最大化するために必要なものである。本章は、そのようなPMIを、3つの領域（経営統合、信頼関係構築、業務統合）と、4つのステップ（M&A初期検討、"プレ"PMI、PMI、"ポスト"PMI）に分類している。特に、PMIの「Post」の語感にかかわらず、M&A成立後の取組だけでなく、M&A成立前の取組も重要であるという点は、強調しておく必要がある。また、本章は、いくつかのデータ等にも言及しており、中小M&A・PMIの実態や雰囲気を把握するためにも有用であるものと思われる。

　本書を読まれる際には、まず本章からお読みいただくことを推奨する。

I PMIとは？

　そもそも本書のテーマである「PMI」（Post Merger Integration）とは何か。この点、「中小PMIガイドライン」（以下、一部を除き「本ガイドライン」という）冒頭の用語集において、「（中小）PMI」について以下のとおり説明されている。

＜（中小）PMI＞

　一般的にPMI（Post Merger Integration）とは、M&A成立後の一定期間内に行う経営統合作業をいう（狭義のPMI）。

　本ガイドラインでは、上記のPMIの前後の期間における取組の重要性を鑑み、狭義のPMIの「前（プレ）」、つまりM&A成立前の取組と、狭義のPMIの「後（ポスト）」の継続的な取組を含めたプロセス全般（PMIプロセス）を、より広義の概念として（中小）PMIと定義している。

　上記のPMIプロセスにおける段階を区別するために、本ガイドラインでは便宜的に下記のとおり各段階を称することとしている。

　① "プレ" PMI：M&A成立前におけるPMIに関連する取組

② PMI：M&A成立後から一定期間（1年程度）における
PMIの取組
③ "ポスト"PMI：上記②の後に継続するPMIの取組
また、M&A成立後初日を起点に、経過日付ごとに、例えば
1日目をDay.1、100日目をDay.100としている。

📖 PMIGL：7ページ、下線は筆者

このようにPMIとは、本来M&A成立後の統合作業の取組を指す
用語であるものの、本ガイドラインはより広く捉え、PMIプロセ
スをM&A成立の前後にわたる取組として整理していることがわか
る。この点が本ガイドラインの1つの特色である。

その上で、本ガイドラインは、M&Aの成立があくまで「スター
トライン」（PMIGL：5ページ）にすぎないという前提のもと、以
下のとおりPMIの必要性について言及している。

PMIとは、主にM&A成立後に行われる統合に向けた作業であり、
M&Aの目的を実現させ、統合の効果を最大化するために必要な
ものである。
M&Aの「成功」は、その成立でなく、M&Aの目的として当初
に期待された効果を実現できるかどうかによる。比較的実績が蓄
積されている大企業のM&Aでは、PMIの取組が最重要とも言わ
れている。

📖 PMIGL：10ページ

なお、本ガイドラインの内容には、PMIというよりは、いわゆ

るポストクロージング（これ自体が多義的な用語であるが、M&A
の当事者が合意等に基づきクロージング後の実施を予定している手
続をいうことが多く、一般的に「ポスクロ」と略する。）等に該当
するような事項も相当含まれていると思われる。PMIとポスクロ
等を区別することには講学上の一定の意義があるものと思料する
が、本ガイドラインはそのような区別を行っていない。この点につ
いて、本ガイドラインは、中小M&Aにおける課題に対して譲受側
が結局のところ何を行うべきかを端的に示すことを企図したもので
あり、その際にPMIとポスクロ等の峻別についてあえて踏み込む
ことはしないとの判断があったものと思われる。

　また、実務における前提として、課題によっては、基本的にはク
ロージング前に解決しておくのが望ましく、やむなく解決しきれな
かった点について、最終契約の表明保証や特別補償の条項によって、
当事者間でリスク分担できるよう手当てする等の対応を取ることも
ある。この点、第3回中小PMIガイドライン策定小委員会（以下、「小
委員会」という）[4]資料4「結合・発展型PMIの取組について（議論
用資料）」（3ページ）においては、「M&A成立前の時点において
譲渡側が対応することが想定されている取組」を明記することに関
して、以下のとおり検討されている形跡が見られる。

---

[4]　小委員会の各回の配布資料や議事概要は、中小企業庁の研究会の「中小PMI
　　ガイドライン策定小委員会」（https://www.chusho.meti.go.jp/koukai/kenkyukai/
　　index.html）の各ページからダウンロードできる。なお、各ページにおいて小
　　委員会は厳密には「中小PMIガイドライン（仮称）策定小委員会」と表記さ
　　れている。このような表記からは、「中小PMIガイドライン」策定直前まで名
　　称が確定しておらず、「中小PMI」という（一般的には聞き慣れない）用語を
　　前面に押し出した名称とすべきか最後まで検討されていたことが窺われる。あ
　　えて「中小PMI」という名称を採用したのは、中小PMIを推進しようとする
　　決意の表れと見ることもできるかもしれない。

＜（参考）M&A成立前の取組＞

- 以下では、M&A成立前の時点において譲渡側が対応することが想定されている取組において、それぞれのテーマについて一般的に検討すべき事項を例示する。ただし、実際の取組では、その実情に応じて、実施する必要がない場合や、逆により詳細に実施する必要がある場合、更に本資料で記載していない事項を実施する必要がある場合があることに留意する必要がある。
- M&A成立までにこれらの取組のうち重要なものが完了しなかった場合、M&A実行の障害になる等と判断されるときには、譲受側がM&A自体を断念することもある。しかし、そのような判断がなされるまでに至らないときには、例えば、譲受側が譲渡側に支払う譲渡対価の減額等をすること、表明保証等によりそのリスクを譲渡側・譲受側間において分担すること、M&A成立後における譲渡側の要対応事項として合意すること等（これら複数の対応を組み合わせることが多い）、個別具体的な事例における課題とリスクの大きさに応じて、段階的に検討・対応した上でM&Aを実行することが考えられる。
- 以上の点は、全ての「（参考）M&A成立前の取組」において共通する観点である。

（下線は筆者）

　このような検討は踏まえつつ、実際に策定された本ガイドラインは、主に課題ベースで整理されており、どのタイミングでどのような対応を行うべきかという時間軸は副次的な位置付けとされているようにも思われる。時間軸は、現場で中小PMIに取り組む当事者及びその支援機関にとって重要な要素であると解されるものの、個別の案件ごとに各取組に対応すべきタイミング等は微妙に異なり、

一概には確定しがたいと思われる。こういった事情はあるものの、可能な限り、時間軸を具体化・視覚化できるよう、現時点における最善策として、線表の挿入等が試みられていると思われる。本ガイドラインの基礎編と発展編にはそれぞれ小目次（それぞれ40ページと58ページ）が設けられており、一定の取組についてはプレPMI以前の時期から対応するべきことが明示されている。

　また、詳細は追って説明するが、本ガイドラインは、PMIを以下のとおり3つの領域に分類している。この分類は絶対的なものではなく、各人によって異論はあり得る[5]ものの、合理的な整理として許容し得る1つの選択肢であるかとは思われる。

> PMIの取組は、「**経営統合**」、「**信頼関係構築**」、「**業務統合**」の三つの領域に分類される。PMIは「POST（後）」の字を冠するため、M&A後のみに実施検討すべき取組と誤解されがちであるが、M&Aの目的の明確化や譲受側の現状把握等を含め、M&Aの成立前から準備する必要がある。

📖 PMIGL：10ページ

　ただし、「経営統合」については1点、留意点がある。一般的に、PMIの日本語訳として「経営統合」という単語を用いることが多い。

5　例えば、ウイリス・タワーズワトソン「M&Aシナジーを実現するPMI　事業統合を成功へ導く人材マネジメントの実践」（東洋経済新報社、2016年）26ページの「図表2−7　PMI全体を捉えるフレームワーク（九つの要素）」は、「ハード面」と「ソフト面」に分類して整理している。これもまた合理的な整理であると思われる。

これに対し、本ガイドラインでは前述のとおりPMIの3つの取組領域のうちの1つのみを指して「経営統合」と称することがある。この両様のケースがあり得るため、本ガイドラインを読む上では留意されたい。

▶ 図表1-1

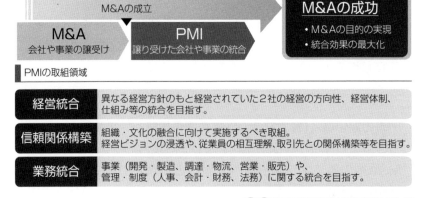

M&AとPMIの目的

M&Aの成立

M&A
会社や事業の譲受け

PMI
譲り受けた会社や事業の統合

M&Aの成功
・M&Aの目的の実現
・統合効果の最大化

PMIの取組領域

経営統合	異なる経営方針のもと経営されていた2社の経営の方向性、経営体制、仕組み等の統合を目指す。
信頼関係構築	組織・文化の融合に向けて実施するべき取組。経営ビジョンの浸透や、従業員の相互理解、取引先との関係構築等を目指す。
業務統合	事業（開発・製造、調達・物流、営業・販売）や、管理・制度（人事、会計・財務、法務）に関する統合を目指す。

PMIGL：10ページ

なお、PMIの「経営『統合』」という語感から、強固な結合（例えば合併）が行われる場合のみを対象とするという印象を持たれることもあるが、以下のとおり、本ガイドラインはこの点もさらに広く捉えている。

※特に中小M&Aで多く用いられる手法の一つである株式譲渡においては、譲渡側も譲受側も残ることになるため、必ずしも厳密な意味での統合が必要になるわけではないが、譲受側と譲渡

側が一体となって成長していくためには、経営や業務等の面で一定程度のすり合わせが必要になる。本ガイドラインでは、このようなすり合わせも「統合」と称することとする。

📖 PMIGL：10ページ

　むしろ、本ガイドラインは、原則として株式譲渡を念頭に、譲渡側の事業を譲渡側の法人格でそのまま継続する形（及びこれに伴う譲受側と譲渡側とのすり合わせ）を主に想定していると思われ、そのため「グループ」という用語が各所で用いられていると思われる。

　最後に、本ガイドラインにおける「M&A」と「中小M&A」の定義について言及しておく。それぞれ、基本的には「中小M&Aガイドライン」における定義を踏まえた内容ではあるが、厳密には、「中小M&A」の譲渡側が「後継者不在の中小企業」に限定されておらず、本ガイドラインの定義のほうがより広くなっているといえる。

＜M&A＞

M&Aとは、「Mergers（合併）and Acquisitions（買収）」の略称であるが、我が国では、広く、会社法の定める組織再編（合併や会社分割）に加え、株式譲渡や事業譲渡を含む、各種手法による事業の引継ぎ（譲渡し・譲受け）をいう。

📖 PMIGL：7ページ

＜中小M&A＞

中小M&Aとは、後継者不在等の中小企業（以下「譲渡側」という。）の事業を、廃業に伴う経営資源の散逸回避、生産性向上や創業促進等を目的として、M&Aの手法により、社外の第三者である後継者（以下「譲受側」といい、本ガイドラインでは譲受側の候補者も含むことがある。）が引き継ぐ場合をいう。したがって、本ガイドラインにおいて、中小企業の経営者の親族、又は当該企業の役職員による事業承継は、中小M&Aに含めないものとする。なお、会社について記載する場合、持分会社等の形態もあり得るものの、本ガイドラインでは、代表的な会社形態である株式会社を念頭に記載する。その際には、譲渡側が金融商品取引法第2条第16項に規定する金融商品取引所に上場されている株式（いわゆる上場株式）又は同法第67条の11第1項に規定する店頭売買有価証券登録原簿に登録されている株式（いわゆる店頭登録株式）を発行している株式会社に該当しない場合を前提とする。

 PMIGL：7ページ

II　なぜPMIが必要となるのか？

　ここでは、なぜM&Aの成功のためにPMIが必要であるのか、3つの観点から説明する。

　1つ目の観点は、「中小M&Aにおける心配・重視事項とは？」である。この点、「譲受側等の心配事項（M&Aを実施した企業）」「譲渡側の重視事項」についての調査を踏まえ、本ガイドラインは以下のとおり記載している。

> 譲受側は、期待するシナジー効果等の発現、円滑な組織融合を行えるかどうかを心配する声が多い。これらはM&Aプロセスにおいてもデュー・ディリジェンス（以下「DD」という。）等によって一定程度解決可能であるが、得られる情報等が限られているM&Aプロセスだけで全てを解決することはできない。このため、M&A後のPMIを通じた円滑な統合が重要となる。なお、譲渡側は、M&A後の従業員の雇用、事業の将来性、取引先との関係維持を重視する声が多いが、これらについてもPMIの取組が大きな影響を与える。

PMIGL：11ページ

こういった事情があることから、本ガイドラインは、「PMIを通じた円滑な統合は、M&Aにおける心配事項を解消し、M&Aの目的を達成するために重要である」としている。

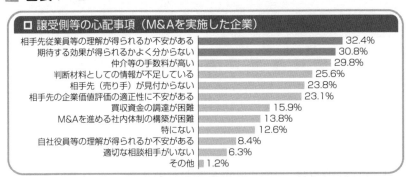

▶ 図表1-2

□ 譲受側等の心配事項（M&Aを実施した企業）

項目	%
相手先従業員等の理解が得られるか不安がある	32.4%
期待する効果が得られるかよく分からない	30.8%
仲介等の手数料が高い	29.8%
判断材料としての情報が不足している	25.6%
相手先（売り手）が見付からない	23.8%
相手先の企業価値評価の適正性に不安がある	23.1%
買収資金の調達が困難	15.9%
M&Aを進める社内体制の構築が困難	13.8%
特にない	12.6%
自社役員等の理解が得られるか不安がある	8.4%
適切な相談相手がいない	6.3%
その他	1.2%

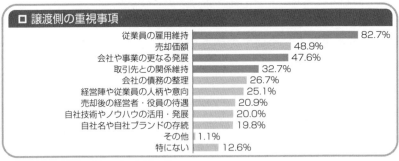

□ 譲渡側の重視事項

項目	%
従業員の雇用維持	82.7%
売却価額	48.9%
会社や事業の更なる発展	47.6%
取引先との関係維持	32.7%
会社の債務の整理	26.7%
経営陣や従業員の人柄や意向	25.1%
売却後の経営者・役員の待遇	20.9%
自社技術やノウハウの活用・発展	20.0%
自社名や自社ブランドの存続	19.8%
その他	1.1%
特にない	12.6%

出典：中小企業白書（2021年）㈱東京商工リサーチ「中小企業の財務・経営及び事業承継に関するアンケート」
（注）　複数回答のため、合計は必ずしも100％にならない。

PMIGL：11ページ

なお、本ガイドラインは、「シナジー（効果）」と「デュー・ディリジェンス」（以下「DD」という。一部を除く）について、それぞれ以下のように定義している。

＜シナジー（効果）＞

2つ以上の企業又は事業が統合することで、それぞれが単独で運営されるよりも、生み出される価値が大きくなる（「1＋1」以上の価値が生じる）相乗効果をいう。シナジー効果は、売上拡大につながる「売上シナジー」と、売上原価や販管費といったコストの削減につながる「コストシナジー」に大きく分類される。

📖 PMIGL：8ページ

＜デュー・ディリジェンス（DD）＞

デュー・ディリジェンス（Due Diligence）とは、対象企業である譲渡側における各種のリスク等を精査するため、主に譲受側がFAや士業等専門家に依頼して実施する調査をいう（「DD」と略することが多い。）。調査項目は、M&Aの規模や実施希望者の意向等により異なるが、一般的に、資産・負債等に関する財務調査（財務DD）や株式・契約内容等に関する法務調査（法務DD）等から構成される。なお、その他にも、ビジネスモデル等に関するビジネス（事業）DD、税務DD（財務DD等に一部含まれることがある。）、人事労務DD（法務DD等に一部含まれることがある。）、知的財産（知財）DD、環境DD、不動産DD、ITDDといった多様なDDが存在する。

📖 PMIGL：8ページ

2つ目の観点は、「中小M&Aの満足度と期待を下回った理由」である。この点、「M&A実施後の総合的な満足度」「M&Aの満足度が期待を下回った理由」についての調査を踏まえ、本ガイドライ

ンは以下のとおり記載している。

M&A実施後の総合的な満足度について「期待を下回っている」
と回答した企業は、その理由として「相乗効果が出なかった」、「相
手先の経営・組織体制が脆弱だった」、「相手先の従業員に不満が
あった」等をあげている。これらはM&A後の統合作業にも関わ
るものであるため、PMIの取組を成功させることは、M&Aの当
初の期待を満たし、M&Aそのものを「成功」とし得るかどうか
に大きく影響する。

PMIGL：12ページ

　こういった事情があることから、本ガイドラインは、「PMIの成
否は、M&Aの成功・失敗を左右する大きな要因となっている」と
している。

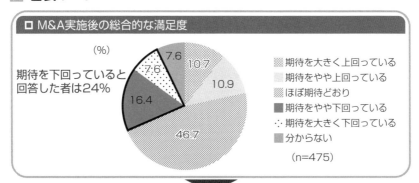

図表1-3

□ M&A実施後の総合的な満足度

期待を下回っていると
回答した者は24%

(%)

7.6　10.7
7.6
16.4
46.7
10.9

▨ 期待を大きく上回っている
▢ 期待をやや上回っている
▨ ほぼ期待どおり
■ 期待をやや下回っている
∴ 期待を大きく下回っている
▨ 分からない

(n=475)

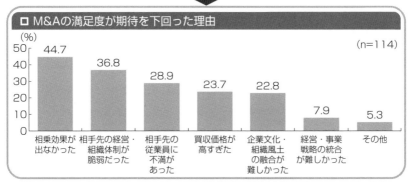

□ M&Aの満足度が期待を下回った理由

(%)
(n=114)

50
40
30
20
10
0

44.7 相乗効果が出なかった
36.8 相手先の経営・組織体制が脆弱だった
28.9 相手先の従業員に不満があった
23.7 買収価格が高すぎた
22.8 企業文化・組織風土の融合が難しかった
7.9 経営・事業戦略の統合が難しかった
5.3 その他

出典：三菱UFJリサーチ＆コンサルティング（株）「成長に向けた企業間連携等に関する
　　　調査」（2017年11月）
（注）１．複数回実施している者については、直近のM&Aについて回答している。
　　　２．複数回答のため、合計は必ずしも100％にならない。

PMIGL：12ページ

　３つ目の観点は、「いつからPMIを始めるべきなのか？」である。
この点、「PMIの検討開始時期とM&A効果／シナジー実現との相
関性」についての調査を踏まえ、本ガイドラインは以下のとおり記
載している。

M&Aの成果を感じている譲受側ほど、早期からPMIを視野に入れた検討に着手している傾向が見てとれる。M&Aについて「期待を上回る成果が得られている」、「ほぼ期待どおりの成果が得られている」と回答した企業の約6割が、PMIの検討を、「基本合意締結前」又は「DD実施期間中」に開始している。M&Aの成功には、PMIについてM&Aプロセスの早い段階から検討を開始し、取り組むことが望ましい。

PMIGL：13ページ

▶ 図表1-4

PMIの検討開始時期とM&A効果／シナジー実現との相関性

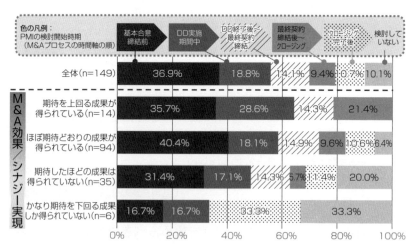

出典：三菱UFJリサーチ＆コンサルティング（株）「成長に向けた企業間連携等に関する調査」（2017年11月）を元に再編加工

（注）1．複数回実施している者については、直近のM&Aについて回答している。

　　　2．複数回答のため、合計は必ずしも100％にならない。

PMIGL：13ページ

こういった事情があることから、本ガイドラインは、「M&Aに成功する企業は、PMIについてM&Aプロセスの早い段階から検討を開始し、取り組んでいる」としている。

　図表1-2〜4のように、既存のデータを整理して、PMIの必要性をある程度、定量的に視覚化した点には意義があると思われる。

補足1　中小M&Aの特徴

　ここでは、中小M&Aの特徴について、2つの観点から説明する。
　1つ目の観点は、「中小M&Aの形態」である。この点、「中小M&Aの実施形態」についての調査を踏まえ、本ガイドラインは以下のとおり記載している。

　中小M&Aの実施形態は、事業譲渡（41.0%）と株式譲渡（40.8%）が同程度であり、これらを合計すると全体の8割超を占めている。

PMIGL：14ページ

　「中小M&Aガイドライン」も、このような観点から、株式譲渡と事業譲渡の2つの手法を軸とした説明を行っているものと思われる。なお、合併は、例えば株式譲渡により子会社化した後に一定期間が経過してから行う等、他の手法と組み合わせて行うことも多い。

▶ 図表1-5

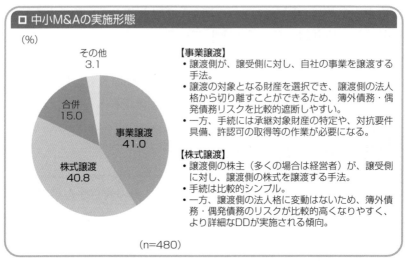

□ 中小M&Aの実施形態

(%)

その他
3.1

合併
15.0

事業譲渡
41.0

株式譲渡
40.8

【事業譲渡】
• 譲渡側が、譲受側に対し、自社の事業を譲渡する手法。
• 譲渡の対象となる財産を選択でき、譲渡側の法人格から切り離すことができるため、簿外債務・偶発債務リスクを比較的遮断しやすい。
• 一方、手続には承継対象財産の特定や、対抗要件具備、許認可の取得等の作業が必要になる。

【株式譲渡】
• 譲渡側の株主（多くの場合は経営者）が、譲受側に対し、譲渡側の株式を譲渡する手法。
• 手続は比較的シンプル。
• 一方、譲渡側の法人格に変動はないため、簿外債務・偶発債務のリスクが比較的高くなりやすく、より詳細なDDが実施される傾向。

(n=480)

出典：中小企業白書（2018年）三菱UFJリサーチ＆コンサルティング(株)「成長に向けた企業間連携等に関する調査」(2017年11月)
(注) 1．複数回実施している者については、直近のM&Aについて回答している。
　　　2．「M&Aを事業譲渡で実施した理由」については、複数回答のため、合計は必ずしも100%にならない。

📖 PMIGL：14ページ

　2つ目の観点は、「譲受側・譲渡側の属性」である。この点、「中小M&Aの譲渡価格」「中小M&Aの譲受側の規模」「譲受側にとっての譲渡側の売上規模」と「中小M&Aの当事者である中小企業の属性分布」についての調査を踏まえ、本ガイドラインはそれぞれ以下のとおり記載している。

中小M&Aにおいては、譲渡側の規模は小規模事業者を含めて大小幅広い。また、譲受側も中小企業であるケースが多く、売上規模で譲渡側は譲受側の1/5〜1/2となるケースが多い。

📖 PMIGL：15ページ

▶ 図表1-6

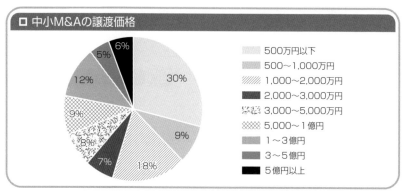

（注） 2018年度の成約案件について、民間M&A仲介業者及び事業引継ぎ支援センターへのアンケート結果を集計

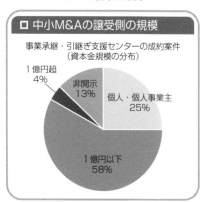

（注） 全国本部資料をもとに作成

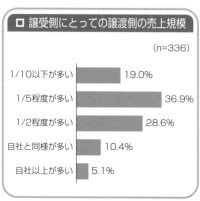

資料：レコフデータ調べ（2021年3月調査）

📖 PMIGL：15ページ

譲受側のほうが譲渡側よりも売上規模が大きい傾向にはあるものの、極端な差があるわけではなく、中小M&Aの譲受側においても人的資源等のリソースの制約が大きい傾向にあるということが表れている。

同業種の競合他社である譲渡側を対象とするM&Aを実施するケースが多く、対象地域は同一又は近接エリアで実施するケースが中心。

 PMIGL：16ページ

　図表1-5〜7から、中小M&Aの実態が、より具体的に把握できるものと思われる。

▶ 図表1−7

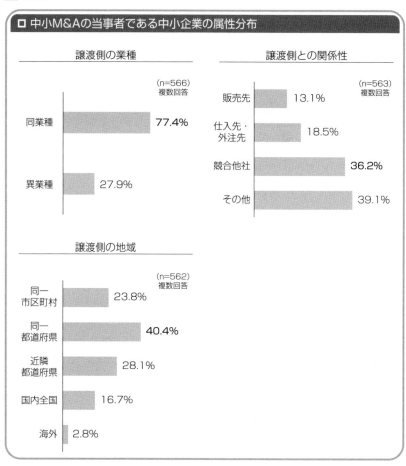

□ 中小M&Aの当事者である中小企業の属性分布

譲渡側の業種

(n=566)
複数回答

| 同業種 | 77.4% |
| 異業種 | 27.9% |

譲渡側との関係性

(n=563)
複数回答

販売先	13.1%
仕入先・外注先	18.5%
競合他社	36.2%
その他	39.1%

譲渡側の地域

(n=562)
複数回答

同一市区町村	23.8%
同一都道府県	40.4%
近隣都道府県	28.1%
国内全国	16.7%
海外	2.8%

出典：日本商工会議所「事業承継と事業再編・統合の実態に関するアンケート調査」
（2020年）

 PMIGL：16ページ

Ⅲ　中小PMIの全体像

　前述のとおり、本ガイドラインはPMIをM&A成立後にとどまらず、M&A成立前から始まる取組として整理しており、「PMIは、M&Aプロセスと並行して検討を開始し、M&A成立後の集中実施期を経て数年単位で取り組む継続的な活動である」と表現している。このPMIプロセスの位置付けを整理したものが図表1-8である。

＜PMIプロセスの位置付け＞

　一般的に、PMIでは、M&A成立後初日（DAY.1と呼ばれる）から一定期間に集中的に行われる統合作業（**3**）を指すことが多い。

　しかし、M&A成立後に円滑にPMIプロセスへ移行するためには、M&A成立前からPMIに向けた準備を進めることが重要になる（**1 2**）。

　また、中小PMIは、財務的な成果を早期に実現することよりも、統合によって事業の継続や、中長期にわたる持続的な成長を目的として数年単位で継続的に取り組むべき活動である（**4**）。

PMIGL：18ページ

▶ 図表1 - 8

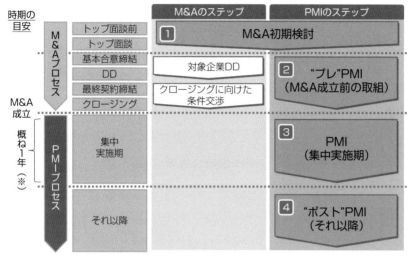

※特に、PMI推進体制の確立、関係者との信頼関係の構築、M&A成立後の現状把握等は、100日までを目途に集中的に実施。

PMIGL：18ページ

1 PMIのステップ

　これまで述べてきたように、PMIはM&A成立後に突然始まるわけではない。「M&Aの検討段階からPMIにおける取組を意識した準備を進めることで、良いスタートを切ることがM&A成功に向けたカギ」となる。

▶ 図表1-9

PMIのステップ

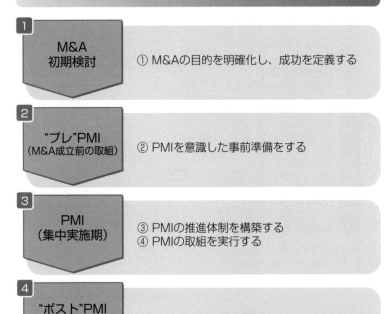

1　M&A
　初期検討　　　　　① M&Aの目的を明確化し、成功を定義する

2　"プレ"PMI
　（M&A成立前の取組）　② PMIを意識した事前準備をする

3　PMI
　（集中実施期）　　　③ PMIの推進体制を構築する
　　　　　　　　　　　④ PMIの取組を実行する

4　"ポスト"PMI
　（それ以降）　　　　⑤ "ポスト"PMIにおける方針を検討・実行する

PMIGL：19ページ

2 PMI の進め方

　以下では、4つの各ステップにおける「PMIの成功に向けて重要なポイント」を整理している。

(1) M&A初期検討

　M&A初期検討においては、M&Aの目的を明確化し、M&Aの

成功を定義する。

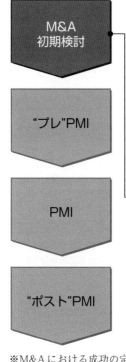

M&Aの目的を明確化し、成功を定義する

「そもそもM&Aで何を目指すのか、どのような姿になっていたいのか」を言語化し、その目的の実現に向けて期待されるシナジー効果を得られるのか、M&A戦略を策定し、精査しておくことが重要である。
M&A、PMIプロセスを進める中で、譲受側・譲渡側は様々な問題や課題に直面する。
困難に直面した際に、常に立ち返るべき原点を明確にしておくことは、M&Aを成功に導くために重要である。

また、「何が実現できれば、M&Aが成功したと言えるのか」を明確化しておくことも重要である。
M&Aにおける成功を定義することによって、定期的な振り返りを通じた取組の評価や軌道修正が可能になる。

M&Aにおける最終的な成功は、譲受側・譲渡側双方にとっての成功であるべきです。
譲渡側の経営改善や成長のために、必要に応じて譲渡側に対して追加投資をするなど、事業への投資は惜しまずに実行することを検討しましょう。

※M&Aにおける成功の定義は企業によって様々であり、必ずしも売上や利益等の定量的な指標のみに縛られる必要はない。また、短期的な成果だけでなく中長期的な時間軸で成功を定義することも有効である。

📖 PMIGL：20ページ

　なお、M&Aの成功に大きな影響を与える要素の１つが、譲受側・譲渡側のマッチングである。図表1 -10のM&Aの目的の明確化と成功の定義を踏まえ、これらに即したマッチングを実現することが、やはり重要であると思われる。逆に言うと、譲受側がM&Aの目的

を明確化しないままに譲渡側の探索を行い、いわば成り行き的に譲渡側を選定してM&Aを実行したような場合には、PMI段階でのリカバリーが困難となる可能性が高くなると思われる。

(2) "プレ"PMI

"プレ"PMIにおいては、PMIを意識した事前準備を行う。M&A成立前ではあるものの、PMI成功のために重要な段階である。

▶ 図表1-11

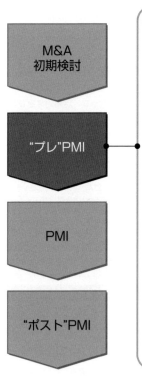

PMIを意識した事前準備をする

M&A成立後にPMIプロセスを円滑にスタートするためには、M&A成立前の段階からM&Aの目的の実現に必要となるPMIにおける取組を意識し、DD等の調査を通じて譲渡側に関する情報を可能な限り取得しておくことが重要である。

一方で、DDは、主に書面で情報を確認することが中心となるため、譲渡側の事業の全てを把握することはできない。クロージング後、現場に入り、面談等で直接従業員から聞いて初めてわかることも少なくない。

クロージング前においては、何が把握できていないか、把握するためにはクロージング後にどのような対応が必要かを想定し、「M&A成立後の集中実施期に何をするか」を予め計画しておくことが重要である。

参考：DD以外での把握方法
DD以外に譲渡側の事業の状況を把握するためのツールとして、中小企業診断協会が提供している「中小企業の事業承継支援業務と知識体系」をチェックシートとして活用することも有効である。
https://www.j-smeca.jp/contents/001_c_kyokainitsuite/010_c_jigyonaiyou/008_jigyosyoukei_chishikitaikei.html

 PMIGL：21ページ

ここで引用されている「中小企業の事業承継支援業務と知識体系」は、2021年版であり最新版ではないため、適宜、最新版[6]を参照されたい。

　なお、このツールは、【Section0】（事業承継の必要性の認識）から始まり親族内承継・従業員承継・M&Aに至るまで網羅的に体系化された資料であり、数度の見直しを経て整備されてきている。2023年版では【Section8】（PMI）を抜本的に見直し、本ガイドラインに準拠した上で、3つの領域（経営統合、信頼関係構築、業務統合）における取組をベースとして詳細な説明が行われている。そのため、中小企業診断士をはじめ、支援機関にとってもいっそう参考になる内容となっているものと思われる。ただし、その著作権が一般社団法人中小企業診断協会に帰属するという点については、念のため申し添えておく。

(3) PMI（集中実施期）

　PMI（集中実施期）においては、PMI推進体制を構築した上で、PMIの取組を実行する。

6　令和5年3月時点では、以下の2023年版が最新版である。
https://www.j-smeca.jp/contents/001_c_kyokainitsuite/010_c_jigyonaiyou/008_jigyosyoukei_chishikitaikei.html

① PMI推進体制の構築

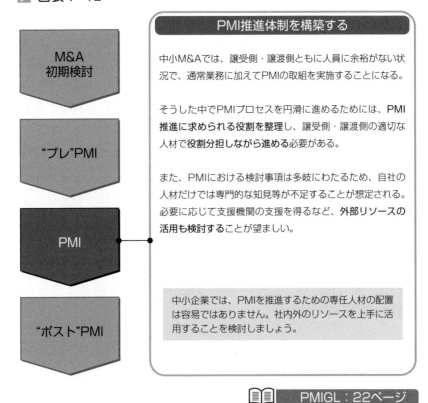

▶ 図表1-12

PMI推進体制を構築する

中小M&Aでは、譲受側・譲渡側ともに人員に余裕がない状況で、通常業務に加えてPMIの取組を実施することになる。

そうした中でPMIプロセスを円滑に進めるためには、**PMI推進に求められる役割を整理し、譲受側・譲渡側の適切な人材で役割分担しながら進める**必要がある。

また、PMIにおける検討事項は多岐にわたるため、自社の人材だけでは専門的な知見等が不足することが想定される。必要に応じて支援機関の支援を得るなど、**外部リソースの活用も検討する**ことが望ましい。

中小企業では、PMIを推進するための専任人材の配置は容易ではありません。社内外のリソースを上手に活用することを検討しましょう。

PMIGL：22ページ

PMI推進体制とは、結局のところ、「誰がどのようにPMIを進めるのか」ということに尽きる。この点は、PMIの取組を進めるために早急に固めておくべき点の1つである。そのため、前述のとおり、「PMI推進体制の確立」はM&A成立から100日以内を目処に実行すべきものとされている。

② PMIの取組の実行

▶ 図表1-13

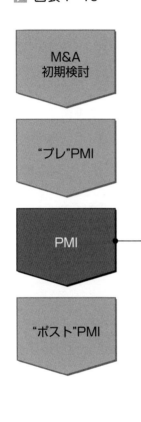

PMIの取組を実行する

M&A直後は譲渡側の経営や事業が不安定な状況となることから、事業の円滑な継続、更には発展のためには、できるだけ速やかにPMIに取り組むことが重要である。

M&A成立後は、譲渡側の事業について詳細な現状把握を進めながら、新たに把握した課題への対応も含めて取組方針を検討し、計画的な実行と効果検証を行う必要がある。

一方、中小企業の人員や資金面の経営資源には制約があることから、全ての課題やリスクに対応することは必ずしも現実的ではない。

このため、M&A成立後概ね1年間を目途に、M&Aの目的を実現するために、どの事項への対応が必要であるかを検討し、優先順位を付けて集中的に取り組む。

📖 PMIGL：23ページ

　ここがまさにいわゆるPMIと捉えられることが多いが、前述のとおり、このフェーズを有意義な時間とするために、(1)M&A初期検討や(2)"プレ"PMIの取組が重要なものとなってくる。

(4) "ポスト" PMI

▶ 図表 1 -14

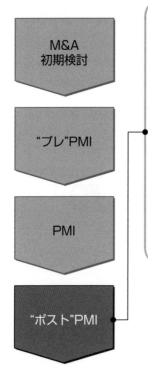

"ポスト"PMIにおける方針を検討・実行する

M&A成立後の集中実施期における取組の結果を踏まえ、次の目標（次期会計年度等）に向けて**PMI取組方針の見直しを行い、継続的にPDCAを実行する**。

PMIプロセスは、場合によっては数年単位の長期にわたることもある。集中実施期だけの取組として終わらせるのではなく、中長期的な取組として継続していくことが重要である。

その上で、M&A当初の目的に対して実際の成果がどうであったか、M&Aの目的を達成する見通しはどうか等、これまでの取組を振り返り評価を行うことは重要である。

また、M&Aの目的やPMIの進行状況等に応じて、譲受側・譲渡側の更なる統合を行うなど、**グループ組織体制の見直し**も必要に応じて検討していく。

M&Aの経験が豊富な企業であっても、PMIに失敗する例は少なからず存在します。しかし、M&Aを通じて成長している企業は、過去の失敗の経験を活かして成長を実現しています。失敗を恐れず果敢にチャレンジするとともに、失敗の経験から学ぶ姿勢を持ち続けることが大切です。

PMIGL：24ページ

1年目処の集中実施期において、PMIの取組がすべて終わるとは限らない。"ポスト"PMIでは、従前の取組を踏まえてPDCAサイクルを回し、更なる取組を行うことがある。また、例えば株式譲渡により子会社となった会社（譲渡側）との間で、その後の数年間を掛けて様々な面ですり合わせた上で、同社との吸収合併によりさ

らに統合を強化するというパターンも、多く見られるところである。

M&Aの目的

「M&Aの目的は様々であるが、中長期的には譲受側・譲渡側が一体となって成長を目指すことが重要である」とされている。「M&Aの譲受側の目的」についての調査を踏まえ、本ガイドラインは以下のとおり記載している。

> 中小M&Aにおける目的は、主に「持続型」、「成長型」の2つに分けられる。「**持続型**」が**M&A当初の目的であった場合においても、M&A後の中長期的な目的として「成長型」を視野に置くことが望ましい。**そのためには、譲渡側の強みや課題を理解し、**譲受側が譲渡側と一体になって共に成長することを目指す姿勢**が重要である。

📖 PMIGL：25ページ

このように「持続型」と「成長型」という2つの分類がなされているものの、両者は実際には重なり合うことが多い。

なお、小委員会の議論の経緯を確認すると、当初は「維持型」と「成長型」という2分類について議論がなされていることがわかる。この点、M&Aの目的には多かれ少なかれ企業・事業の成長・発展が含まれ得るところ、「維持」という語感が現状の「維持」のみを目的とするニュアンスを持つようにも感じられるおそれがあること等から、「維持型」という表現は採用されず、地域コミュニティや雇用を維持するための「持続可能性」を想起させる表現である「持

続型」へと変更されたものと思われる（第1回小委員会議事概要2ページ、第2回小委員会議事概要1～2ページ参照）。ただし、「維持」という文言は必ずしも全否定されるべきものではなく、例えば、「事業再生や業績不振の企業を買収する場合には、『維持』が必要で

▶ 図表1-15

| 持続型M&A | 経営不振や後継者不在等の課題をM&Aにより解決し、企業・事業の存続を維持し、地域経済や従業員雇用を維持することを目的とする。 |
| 成長型M&A | シナジーの創出や事業転換により、企業・事業の成長・発展を目的とする。 |

📖 PMIGL：25ページ

▶ 図表1-16

▌M&Aの譲受側の目的

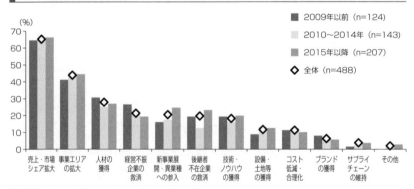

【資料】　中小企業白書（2018年）より三菱UFJリサーチ＆コンサルティング（株）「成長に向けた企業間連携等に関する調査」（2017年11月）
（注）1．複数回実施している者については、直近のM&Aについて回答している。
　　　2．複数回答のため、合計は必ずしも100％にならない。

📖 PMIGL：25ページ

あり、特に小規模の場合は属人性が高いため、前経営者が抜けた後も現状通りに事業を継続させることが出来る体制づくりから始める必要があるのではないか」というコメント（第1回小委員会議事概要2ページ）もある。

PMI推進における役割

「PMIの推進に必要な役割を踏まえ、譲受側・譲渡側における役割分担の方針を検討する」に当たり、「PMI推進体制の検討方針」について、本ガイドラインは以下のとおり記載している。

譲受側・譲渡側ともに限られた人員で円滑にPMIを推進するためには、PMIを共に推進するチームを組成し、役割を定めて取り組むことが望ましい。

PMIの推進において必要な役割は、主に**重要意思決定**、**企画・推進**、**実務作業**の3つが想定される。それぞれ適切な人材で役割分担することが望ましいが、企業の規模や状況によっては、役割を兼務させることも想定される。

📖 PMIGL：26ページ

　ここで挙げる3つの役割は、一般的なPMI関連の用語であれば、それぞれ、「重要意思決定」については統合準備委員会（ステアリング・コミッティ）、「企画・推進」については「統合事務局」（PMO：Project Management Office）、「実務作業」については「各分科会」等の組織体の役割とされることも多いと思われる（第1回小委員会

資料3「事務局説明資料」17ページ参照)。しかし、中小M&Aの場合には、こういった3つの組織体を構築することがリソースとの兼ね合いで困難なケースが多く、それぞれの役割を限られた数名（場合によっては経営者のみ）で辛うじて拾うケースも多いことから、組織体というよりは必要な役割の内容にフォーカスして整理されたものと思われる。

▶ 図表1-17

PMIの推進において必要な役割

❶ 重要意思決定

- 譲受側経営者を中心にPMIに関する重要な意思決定を行う。
- PMIプロセス全般における責任を負う。

❷ 企画・推進

- PMIの取組の全体を把握し、各取組の企画・推進、管理（進捗管理、タスク管理）等を行う。
- 必要に応じて、譲受側・譲渡側にてPMI推進チームを組成する。

❸ 実務作業

- PMIに関する具体的な実務作業を行う。
- 必要に応じて取組テーマごとにチーム（分科会）を組成する。

❹ 支援

支援機関
　士業等専門家
　経営コンサルタント
　ほか

PMIGL：26ページ

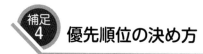

補足 4 優先順位の決め方

　中小PMIにおいては、「人員、資金等の制約を踏まえ、取り組むべき課題に優先順位を付ける」必要がある。

　「優先順位の決め方」について、本ガイドラインは以下のとおり記載している。

PMIプロセスにかけられる経営資源（人員、資金等）に制約がある中小企業では、**どの課題から取り組んで、どの課題を後回しにするか優先順位を付けて対応をしていく必要がある**。その際、各種DDにおいて指摘された課題から検討するとスムーズである。

また、M&A成立直後は、譲渡側の従業員等において、M&Aの成果がなかなか出ないと、「このM&Aは必要がなかったのではないか」という空気が漂い、従業員のモチベーションの低下につながりやすい。従業員等に取組の意義を感じてもらうため、PMIの集中実施期は**早期に成果を得られる取組（クイック・ヒット）を優先**して行うことも併せて検討する。

📖 PMIGL：27ページ

　このような優先順位を決定する際には、図表1 -18のとおり、重要度、緊急性、実行可能性という観点から総合的に判断する必要がある。

▶ 図表1-18

優先順位を検討する視点（例）	
重要度	✓ M&Aの目的や戦略との適合度合い ✓ 実行した場合、しなかった場合の経営へのプラス・マイナスの影響とその大きさ
緊急性	✓ リスクが顕在化するまでに想定される期間 ✓ 実行しなかった場合のリスク要因の発生確率
実行可能性	✓ 実行にかかるコストの大きさ（人員、資金等） ✓ 効果が出るまでの期間 ✓ 実行において必要な人材や協力を得るべき関係者の有無

総合的に判断

PMIGL：27ページ

Point クイック・ヒットとは

短期的に成果が上がることが期待され、比較的簡単に実行できる取組。従業員等に対して、M&Aによるメリットを早期に実感してもらい、モチベーションを向上させるために行うことが有効なことも多い。

PMIGL：27ページ

　なお、ここでは「クイック・ヒット」が取り上げられている。特に譲渡側の従業員は、自社のM&Aによって不安を感じやすく、またM&Aの意義に疑問を呈しやすい立場でもある。クイック・ヒットでM&Aの成果を早期に実感することにより、従業員がM&A成立後の事業に前向きに取り組みやすくなる効果が期待されると言われる。

第2章

「中小PMIガイドライン」の位置付け

はじめに

　本章では、まず、本ガイドラインの策定に至った経緯について説明している。もともとは、親族内承継支援が、中小企業のための事業承継支援の中心的な位置付けであったといえる。しかし、後継者不在の中小企業の廃業の増加が懸念されるなか、近年では親族外承継支援も大きく拡充されるようになり、さらには譲渡側だけでなく譲受側の事業の成長・発展の支援という方向性も色濃くなってきているといえる。

　このような背景事情を踏まえた上で、中小企業庁が策定した事業承継・引継ぎに関する３つのガイドライン（本ガイドライン、事業承継ガイドライン、中小M&Aガイドライン）の関係性を把握することは、本ガイドラインの位置付けを正しく理解し、これを適切に実践・運用していくことにも資するものと思われる。

I 「中小PMIガイドライン」の策定に至る経緯

　前述のとおり、本ガイドラインが令和4年3月に策定された。これは唐突に出現したものではなく、あくまで中小企業のための事業承継・引継ぎ支援の1つの大きな文脈の中で誕生したものであるといえる。以下では本ガイドラインが策定されるに至った経緯について、近時の事業承継・引継ぎ支援の流れに沿って説明する。

1 平成末期までの親族外承継支援

　平成20年5月に成立した「中小企業における経営の承継の円滑化に関する法律」（以下、「経営承継円滑化法」という）[7]は、①遺留分に関する民法の特例、②事業承継時の金融支援措置、③事業承継税制の基本的枠組みを盛り込んだ事業承継円滑化に向けた総合的支援策の基礎となる法律で、平成20年10月1日（①遺留分に関する民法の特例に係る規定は平成21年3月1日）から施行された。同法は、当初、特に①遺留分に関する民法の特例及び③事業承継税制に関しては、主に親族内承継支援を念頭に置いた制度であったが、平成27

7　経営承継円滑化法による支援【中小企業庁】
　https://www.chusho.meti.go.jp/zaimu/shoukei/shoukei_enkatsu.htm

年頃から徐々に親族外の後継者にも適用対象が拡大され（③事業承継税制については平成27年1月、①遺留分に関する民法の特例については平成28年4月、それぞれ改正法令が施行）、親族外承継支援の要素が加わるようになった。

また、平成23年には「事業引継ぎ支援センター」が設置された（一部地域から順次展開し、平成29年には全国47都道府県に設置されるに至った）。主に親族外承継支援を念頭に、後継者不在の中小企業に対するマッチング支援を提供する、公的な相談窓口が整備されていくこととなった（なお、令和3年4月、同センターに、主に親族内承継支援を行っていた「事業承継ネットワーク」の機能を統合し、事業承継・引継ぎのワンストップ支援を行う「事業承継・引継ぎ支援センター」[8]へ発展的に改組されている）。

加えて、平成27年3月には「事業引継ぎガイドライン」[9]が策定された。同ガイドラインは、「後継者不在の中小企業・小規模事業者が社外の後継者に引継ぐ場合」を「事業引継ぎ」と呼称し（5ページ）、「事業引継ぎ」の推進を図ったものである。「M&A」という文言をあえてメインタイトルに入れなかった（なお、サブタイトルは「〜M&A等を活用した事業承継の手続き〜」とされている）点からも、「M&A」という用語を前面に押し出すこと自体に対する抵抗感が強かった当時の雰囲気が窺える。同ガイドラインの現場の実務における定着度はそこまで高くなかったと評されることもあるが、「中小M&Aガイドライン」のベースとなっており、中小企業

8　事業承継・引継ぎ支援センター（事業承継・引継ぎポータルサイト）【独立行政法人　中小企業基盤整備機構】
https://shoukei.smrj.go.jp/
9　事業引継ぎガイドライン、事業引継ぎハンドブックを策定しました【中小企業庁】
https://www.chusho.meti.go.jp/zaimu/shoukei/2015/150407hikitugi.htm

支援策としての存在意義は相当程度大きかったものと思料する。

　なお、この頃、中小企業庁は、「中小企業の事業承継は喫緊の課題」であるとして、「2025年までに、70歳（平均引退年齢）を超える中小企業・小規模事業者の経営者は約245万人となり、うち約半数の127万（日本企業全体の1/3）が後継者未定」「現状を放置すると、中小企業・小規模事業者廃業の急増により、2025年までの累計で約650万人の雇用、約22兆円のGDPが失われる可能性」といった具体的な数値を明示するようになった。このことも手伝い、中小企業の事業承継問題は、社会全体にも広く知られるようになったと思われる。

2 第三者承継支援総合パッケージの策定

　後継者不在の中小企業の廃業は社会全体の課題として認識されるようになり、これを受けて令和元年12月には「第三者承継支援総合パッケージ」[10]が策定されるに至った。

　同パッケージでは、後継者未定の127万者の中小企業のうち黒字廃業のおそれのある約60万者を「第三者承継の可能性のある者」として位置付け、「2025年までに、70歳以上となる後継者未定の中小企業約127万者のうち、黒字廃業の可能性のある約60万者の第三者承継を促すことを目標とする」旨が明記された（5ページ）。

　この数値は見方によっては大胆な数値とも思われるが、国として中小企業の第三者承継支援に本気で取り組む姿勢が伝わるパッケージであったと思われる。

　なお、同パッケージはMEBO支援も対象としており（15ページ

10　「第三者承継支援総合パッケージ」を策定しました【経済産業省】
　　https://www.meti.go.jp/press/2019/12/20191220012/20191220012.html

参照）、中小企業の社内の役員・従業員による事業承継（従業員承継）も射程内であると思われる。そのため、ここでは「第三者承継」とは「親族外承継」と同義の用語として用いられていると理解して基本的には差し支えないものと思われる。もっとも、「第三者承継」という用語は、各種の支援策や文脈に応じて異なる概念（例えば、従業員承継を含まない、社外への引継ぎとしてのM&A）として用いられることもあるため、その点は明記しておく。

3　「中小M&Aガイドライン」の策定

　さらに令和2年3月には、平成27年3月に策定された「事業引継ぎガイドライン」を全面改訂した「中小M&Aガイドライン」が策定された。

　同ガイドラインは、第1章（後継者不在の中小企業向けの手引き）と第2章（支援機関向けの基本事項）に区分されている。

　第1章では、一般的な中小M&Aプロセスや、譲渡側・譲受側のマッチングの支援に関する手数料についての考え方の整理等、主に譲渡側の経営者にとって有用な内容が記載されている。なお、この内容については、令和2年9月に公表された「中小M&Aハンドブック」[11]において、漫画等を交えて、よりわかりやすく解説されている。

　第2章では、中小M&Aの支援機関の基本姿勢と、それぞれの主な支援内容が記載されている。支援機関としては、M&A専門業者、金融機関、士業等専門家（特に、公認会計士、税理士、中小企業診断士、弁護士）、商工団体、M&Aプラットフォーマーが記載されているが、その中でも主にM&A専門業者を対象とする「各工程の

11　中小M&Aハンドブックを策定しました【経済産業省】
　　https://www.meti.go.jp/press/2020/09/20200904001/20200904001.html

具体的な行動指針」(53ページ以下)は、世間的にも大きな話題となったところである。また、この点は、後述するM&A支援機関登録制度において遵守を要求する事項のベースとなっている。

　なお、同ガイドラインは、「事業引継ぎガイドライン」改訂検討会における議論に基づいて策定されたところ、同検討会は、新型コロナウイルス感染症の感染拡大前の令和元年11月に第1回が開催されている。このような時系列からすると、「中小M&Aガイドライン」策定に向けた議論は、コロナ禍における中小企業の廃業の増加を防ぐことを目的として開始されたものではないということは明らかであるが、結果として、コロナ禍における中小M&A支援の活発化の一助となったものと思われる。

4 （旧）経営資源引継ぎ補助金や中小企業経営力強化支援ファンドの創設

　令和2年春から夏頃にかけては、新型コロナウイルス感染症の最初の大規模な感染拡大局面に当たり、初の緊急事態宣言もなされるなか、中小企業支援の必要性が特に高まってきていた時期であった。また、中小企業の廃業の急増に対する危機感も強まっていた。

　このような状況を背景に、M&A支援機関によるマッチング、バリュエーション（企業価値算定・事業価値算定）やDDに係る報酬を支援する「経営資源引継ぎ補助金」[12]や、独立行政法人中小企業基盤整備機構が出資するファンド（いわゆる中小機構ファンド）の新類型であり、新型コロナウイルス感染症の影響を受けている中小

12　令和2年度第一次補正予算経営資源引継ぎ補助金の公募要領を公表します（7月13日申請受付開始予定）【中小企業庁】
https://www.chusho.meti.go.jp/zaimu/shoukei/2020/200706shoukei.html

企業等の事業承継、事業再編、再構築を支援する「中小企業経営力
強化支援ファンド」[13]等、当時としては画期的な中小M&A支援策が
世に出ることとなった。

　なお、事業承継を契機とする新たな取組に要する費用を補助して
いた既存の「事業承継補助金」と、経営資源引継ぎ補助金は、令和
２年度第３次補正予算（１次公募は令和３年６月に公募開始）[14]か
ら「事業承継・引継ぎ補助金」に一本化されており、それぞれが同
補助金の「経営革新事業」と「専門家活用事業」として存続してい
る。その後、令和３年度補正予算では、これらに加えて「廃業・再
チャレンジ事業」も新設[15]され、現在、同補助金は３つの事業から
構成される幅広い補助金となっている。

5　中小 M&A 推進計画の策定

　加えて、令和２年秋頃には当時の政権のもと、従来の経営者の高
齢化を背景とした事業承継円滑化という目的だけでなく、生産性向
上という目的でも、M&Aによって経営資源の集約化等（統合・再
編等）を推し進める機運が高まったことなどもあり、「中小企業の
経営資源集約化等に関する検討会」（以下「集約化検討会」とい
う）[16]が発足し、同年11月に第１回が開催されるに至った。

13　中小企業経営力強化支援出資事業に関する募集について（ファンドの出資提
　案を募集しています）【独立行政法人　中小企業基盤整備機構】
　https://www.smrj.go.jp/sme/funding/fund/favgos000000m88e.html
14　令和２年度第３次補正予算「事業承継・引継ぎ補助金」の公募要領を公表し
　ます（６月11日申請受付開始予定）【中小企業庁】
　https://www.chusho.meti.go.jp/zaimu/shoukei/2021/210524shoukei.html
15　令和３年度補正予算「事業承継・引継ぎ補助金」の公募を開始しました【中
　小企業庁】
　https://www.chusho.meti.go.jp/zaimu/shoukei/2022/220331shoukei.html

集約化検討会では、PMIに関するコメントがいくつか見られた。公表されている議事概要ベースでも、第1回では「PMIという言葉自体が浸透していない。アカデミックにも実務的にもプレイヤーが少ない。PMI由来のM&Aの失敗がまだ認知されていないのではないか」「M&Aの失敗を防ぐPMIは非常に重要。定石を知らないことによって失敗することが多い。経験のないM&Aブティックが増加する中で、譲渡企業への配慮や金融機関との関係などで典型的な失敗をすることも少なくない」(いずれも議事概要3ページ)、第4回では「M&Aのディール中の注意点などの啓蒙は進んできているが、M&Aの成功のカギとなるPMIをサポートする施策は不十分ではないか。M&Aのプロセスで精いっぱいで、PMIまでは意識が回っていないM&A支援機関もおり、そういった点のレベルアップも必要ではないか」(議事概要2ページ)、第5回では「PMIについて、実施項目や内容を説明するマニュアルのようなものがあるのが望ましいのではないか」「中小企業のM&AのPMIは、メンタル面のケアが重要であるという意味において、上場企業のそれと別物であるという認識が必要ではないか」(いずれも議事概要2ページ)、「M&AのプロセスとPMIは完全に一連のものであり、M&Aのアドバイザーに対してもPMIに関するインプットが必要で、その点はPMIのマニュアルなどに盛り込むべきではないか」(議事概要3ページ)といったコメントが見られる。

　このような集約化検討会の取りまとめとして、5か年計画である

16　集約化検討会の各回の配布資料や議事概要は、中小企業庁の研究会の「中小企業の経営資源集約化等に関する検討会」
（https://www.chusho.meti.go.jp/koukai/kenkyukai/index.html）の各ページからダウンロードできる。なお、第7回以後は、中小M&A推進計画の取組状況のフォローアップ等である。

「中小M&A推進計画」[17]が令和3年4月に策定された。当該計画においても集約化検討会での議論を踏まえ、PMIに関する取組が明記されている。具体的には、「中小M&AにおけるPMIへの段階的な支援の充実（中小M&AにおけるPMIに関する指針の策定等）」という取組（27ページ）である。本ガイドラインはこの取組を具体化したものであるといえる。

　なお、その後に公表された成長戦略フォローアップ（令和3年6月18日）[18]において、「M&Aを経営戦略の一部として捉え、M&A後の経営統合も含めた一体的な取組が促されるよう、M&A後の経営統合（PMI）の在り方に関する指針を2021年度中に策定する」（65ページ）という文章も明記されている。

> ## 6　中小企業の事業承継・引継ぎ支援に向けた中小企業庁と日本弁護士連合会の連携の拡充（共同コミュニケの策定）

　「中小M&A推進計画」においては、「事業承継・引継ぎ支援センターによる士業等専門家の活用支援」という取組（23ページ）が明記されており、さらにその中で「地方の小規模・超小規模M&Aについても弁護士による必要な支援を充実させるため、2021年度中に、事業承継・引継ぎ支援センターと弁護士会の連携強化に向けて、地域の実情に応じて弁護士の紹介やお互いの人材育成等を行う組織的な取組を開始する。その上で、継続的に当該取組の内容・効果の

17　「中小M&A推進計画」を取りまとめました【経済産業省】
　　https://www.meti.go.jp/press/2021/04/20210430012/20210430012.html
18　これまでの成長戦略について【内閣官房】
　　https://www.cas.go.jp/jp/seisaku/seicho/kettei.html

確認・検証等を行いつつ、2025年度までを目途に、当該取組を希望する地域で段階的に導入を進め、全国規模での当該連携強化を目指す。」という文章が明記されている。

　これを受けて、令和3年6月、中小企業庁と日本弁護士連合会は、連名で「中小企業の事業承継・引継ぎ支援に向けた中小企業庁と日本弁護士連合会の連携の拡充について」と題する共同宣言（共同コミュニケ）[19]を公表するに至った。

　また、これに基づいて、事業承継・引継ぎ支援センターと弁護士会の連携強化に向けた取組が段階的に実施されており、令和3年度においては、7地域の事業承継・引継ぎ支援センター（広島県、奈良県、福井県、千葉県、宮城県、高知県、熊本県）と各地域の弁護士会が、連携を行うための覚書を締結したとのことである（第7回集約化検討会資料2「『中小M&A推進計画』の主な取組状況〜補足資料〜」9ページ参照）。

　今後も、このような連携強化に向けた取組は全国で拡大していくものと思われる。

7　所在不明株主に関する会社法の特例の創設

　前述のとおり、経営承継円滑化法においては、従前より①遺留分に関する民法の特例、②事業承継時の金融支援措置、③事業承継税制という3つの支援措置が設けられていた。これに加えて④所在不明株主に関する会社法の特例を追加する経営承継円滑化法の改正法が令和3年6月に第204回国会において成立し、同年8月より施行

19　中小企業の事業承継・引継ぎ支援に向けた中小企業庁と日本弁護士連合会の連携の拡充について（共同コミュニケの策定）【中小企業庁】
　　https://www.chusho.meti.go.jp/zaimu/shoukei/2021/210609nichibenren.html

されている。

　一般的に、株主名簿に記載はあるものの会社が連絡を取れなくなり、所在が不明になってしまっている株主を「所在不明株主」という。

　従前より会社法上、株式会社は、所在不明株主に対して行う通知等が5年以上継続して到達せず、当該所在不明株主が継続して5年間剰余金の配当を受領しない場合、その保有株式の競売又は売却（自社による買取りを含む）の手続が可能である（会社法197条）。他方で、「5年」という期間の長さが、事業承継の際の手続利用のハードルになっているという面もあった。そこで、この点を踏まえ、非上場の中小企業者のうち、事業承継ニーズの高い株式会社に限り、都道府県知事の認定を受けることと一定の手続保障を前提に、この「5年」を「1年」に短縮する本特例（所在不明株主に関する会社法の特例）を創設することとなった。

　本特例の認定要件は、❶申請者の代表者が年齢、健康状態その他の事情により、継続的かつ安定的に経営を行うことが困難であるため、会社の事業活動の継続に支障が生じている場合であること（経営困難要件）、及び、❷一部株主の所在が不明であることにより、その経営を当該代表者以外の者（株式会社事業後継者）に円滑に承継させることが困難であること（円滑承継困難要件）の2つである。本特例利用の際は、これらの要件を満たす旨、中小企業者の主たる事務所の所在地の都道府県に申請する必要がある。

　本特例の立案に関しては、第3回集約化検討会資料1「事務局説明資料」において、中小M&Aにおける制度的な課題の例として「所在不明株主の取扱い」「株券発行会社における株式譲渡時の株券不交付の取扱い」「名義株主の取扱い」「許認可等の非承継」の4点が挙げられており、本特例の創設の方向性についても言及されている

（4～11ページ）。本特例は親族内承継の場合にも利用できるものではあるが、立案の経緯を見ると、主に中小M&Aの制度的課題の解消の一環として検討されていた形跡が窺われるといえる。

8 中小企業の経営資源の集約化に資する税制の創設

令和3年度税制改正において、「中小企業の経営資源の集約化に資する税制」[20]が創設されることとなった。本税制は、経営資源の集約化（M&A）によって生産性向上等を目指す、経営力向上計画の認定を受けた中小企業が、同計画に基づいてM&Aを実施した場合に、設備投資減税（中小企業経営強化税制）と準備金の積立（中小企業事業再編投資損失準備金）という措置の活用を可能とするものである。

ここでいう準備金の積立とは、株式譲渡の手法によるM&Aの実施に伴い発生し得るリスク（簿外債務等）に備えるため、投資額の70％以下の金額を、準備金として積み立てることを可能とするものである。積み立てた金額は一時的に損金算入され、その後、原則として5年間の据置期間の後（ただし減損等の一定の取崩要件への該当時にはその時点で益金算入）、さらに5年間の均等取崩により益金算入される。

また、その際の経営力向上計画については、「事業承継等事前調査」、つまり実施する予定のDDの内容に関する任意的記載事項を記載した上で認定を受ける必要がある。このようなDDについては、

20　経営資源集約化税制（中小企業事業再編投資損失準備金）の活用について【中小企業庁】
　　https://www.chusho.meti.go.jp/keiei/kyoka/shigenshuyaku_zeisei.html

中小企業信用保険法の特例の対象とし、必要な資金に係る債務保証も措置されている。この点に関する中小企業等経営強化法の改正法が令和3年6月に第204回国会において成立し、同年8月より施行されている。

　以上のとおり、本税制は、（株式譲渡の手法による）中小M&Aの譲受側を支援する税制であり、M&A成立直後の譲受側のキャッシュフローの改善にも資するものである。また、DDに関する支援措置も併せて設けられており、この点も画期的な措置であるといえる。

❾ M&A 支援機関登録制度の創設

　「中小M&A推進計画」においては、「M&A支援機関に係る登録制度等の創設」という取組（36〜37ページ）が明記されており、さらにその中で「2021年度中に、事業承継・引継ぎ補助金（専門家活用型）において、M&A支援機関の登録制度を創設し、M&A支援機関の活用に係る費用の補助については、予め登録された機関の提供する支援に係るもののみを補助対象とすることとする。また、登録したM&A支援機関による支援を巡る問題等を抱える中小企業等からの情報提供を受け付ける窓口も創設する」という文章が明記されている。

　これを受けて、令和3年8月には「M&A支援機関登録制度」[21]が運用開始され、令和5年3月17日時点で3,117件のFA・仲介業者が同制度に登録している[22]。また、登録されたFA・仲介業者が提供するM&A支援サービスをめぐって、問題を抱える中小企業者の

21　M&A支援機関に係る登録制度の創設について【中小企業庁】
　　https://www.chusho.meti.go.jp/zaimu/shoukei/2021/210802m_and_a.html

方々からの情報を受け付ける「情報提供受付窓口」も併せて設置されている。

　同制度は前述のとおり「中小M&Aガイドライン」の遵守等を登録要件としていることから、これにより同ガイドラインがFA・仲介業者にいっそう浸透するとともに、その実効性についても一定程度、担保されることにもなると思われる。

10　「事業承継ガイドライン」の改訂及び「中小PMIガイドライン」の策定

　「事業承継ガイドライン」は、中小企業における経営者の高齢化等を背景に、中小企業の円滑な事業承継を進めるための指針として平成18年6月に策定され、それから約10年後の平成28年12月に大きく改訂された（当該改訂後のものを、以下「旧事業承継ガイドライン」という）。旧事業承継ガイドラインは公表後、多くの中小企業及び支援機関に参照され、事業承継の現場にも定着してきたものと思われる。他方で、旧事業承継ガイドライン策定から約5年間が経過したことから、令和4年3月、この間の事情変更等を反映して旧事業承継ガイドラインを改訂する形で、「事業承継ガイドライン（第3版）」が策定された。これは、本ガイドラインと同じタイミングで公表された。なお、「中小M&A推進計画」においても、「事業承継ガイドラインの改訂等」という取組（31ページ）は明記されている。

　「事業承継ガイドライン（第3版）」は、従業員承継に関しても一

22　M&A支援機関登録制度に係る登録フィナンシャル・アドバイザー及び仲介業者の公表（令和4年度公募（2月分））について【中小企業庁】
https://www.chusho.meti.go.jp/zaimu/shoukei/2023/230317m_and_a.html

定の厚さで拡充するほか、「ベンチャー型事業承継」の取組を明記するなど、新しい流れも携えている。同ガイドラインは、現経営者・譲渡側だけでなく、事業を承継して実際に継続していく後継者・譲受側を、従前よりも重視する姿勢になったと評価できる。そして、この流れは、M&Aにより事業を譲り受けて実際に継続していく譲受側を主な対象とする本ガイドラインが策定されたこととも、根底で通ずるものがあるといえる。このような流れは、中小企業の成長・発展を支援する方向性として望ましいものと思われる。

　なお、本ガイドライン策定に合わせて、中小PMIを中心とする、中小企業の事業承継・引継ぎ支援に向けた中小企業庁と一般社団法人中小企業診断協会の連携に関する共同宣言[23]も公表されており、今後の全国各地の事業承継・引継ぎ支援センターと中小企業診断士協会の連携の強化が期待される。

11 ▶ 小括

　以上のような経緯により、本ガイドラインが策定された時点（令和4年3月）における、中小企業のための事業承継・引継ぎ支援策の全体像を簡単にまとめたものが、図表2-1である。なお、以下の全体像については、執筆時点（令和5年3月）においても大きな変動はないものと思われる。

23　中小企業の事業承継・引継ぎ支援に向けた中小企業庁と一般社団法人中小企業診断協会の連携について【経済産業省】
　　https://www.meti.go.jp/press/2021/03/20220317007/20220317007.html

▶ 図表2-1　中小企業のための事業承継・引継ぎ支援策の全体像

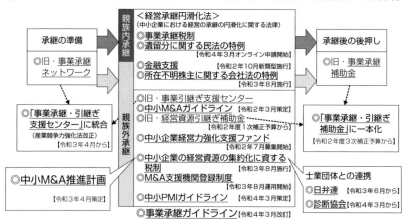

（筆者作成。なお、【　】付の施策は立案等に関与）

Ⅱ　事業承継・引継ぎに関する3つのガイドラインの関係性

　以上の経緯により、令和4年3月時点で、事業承継・引継ぎに関する3つのガイドラインが出揃ったことになる。これらの関係性の概要は、図表2-2のとおりである。

▶ **図表2-2　事業承継・引継ぎに関するガイドラインの関係図**

要素	ガイドライン	事業承継	中小M&A	中小PMI
主な対象者 （支援機関を含む）	譲渡側（先代経営者）	○	○	※6
	譲受側（後継者）	○	※3	○
主な対象類型	親族内承継	○		
	従業員承継	○※1	※4	
	M&A	○※2	○	○
主な対象時期	承継の実行以前	○	○	○
	承継の実行後	○	※5	○
構成（支援機関向けパートの独立）			○	

※1　「中小PMIガイドライン」（特に基礎編）も参考になるものとして紹介している。
※2　「中小M&Aガイドライン」に準拠している。
※3　デュー・ディリジェンス（DD）等、主に譲受側の目線での記載も一部含む。
※4　共通する部分は、「中小M&Aガイドライン」の考え方に準拠した対応を期待する。
※5　ポストM&Aに関する記載も一部含む。
※6　譲渡側経営者の取組例等も一部含む。

（筆者作成）

第3章

中小M&Aプロセス概論

はじめに

　本章では、中小PMIプロセスの前提となる中小M&Aプロセスについて、「中小M&Aガイドライン」に即して概説する。ただし、「中小M&Aガイドライン」はあくまで主に「譲り渡し側」（譲渡側）に向けた指針であるという点は注意を要する。以下では、「中小M&Aガイドライン」の趣旨から逸脱しないと思われる範囲で、譲受側の目線にも少し言及する。

I　中小M&Aフロー図

　中小M&Aの流れを一覧できるようにした中小M&Aフロー図は、「事業承継ガイドライン（第3版）」100ページをはじめ、様々な資料で引用されている。中小企業の動きに合わせて、主な支援機関が明記されている点もこの図の特徴である。

　一般的に、中小M&Aは、以下のフロー図★の「中小企業の動き」に記載の流れに沿って進むことが多い。また、同図の各工程においては、「主な支援機関」に記載の支援機関が中小M&Aの支援を行うことが多い（実際には、個別の事例において、これら以外の支援機関が支援を行うケースもある。）。

★本書中、図表3-1として掲載

 MAGL：25ページ

▶ 図表 3 - 1

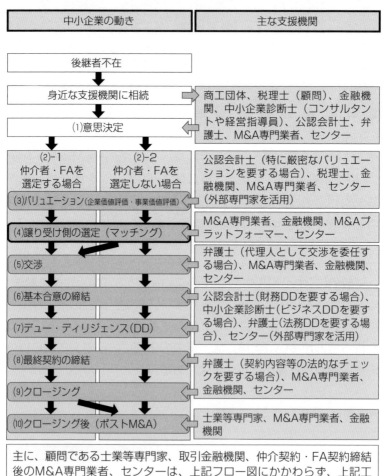

中小M&Aフロー図	
中小企業の動き	主な支援機関

後継者不在

身近な支援機関に相続 ⇨ 商工団体、税理士（顧問）、金融機関、中小企業診断士（コンサルタントや経営指導員）、公認会計士、弁護士、M&A専門業者、センター

(1)意思決定 ⇦

(2)-1 仲介者・FAを選定する場合 / (2)-2 仲介者・FAを選定しない場合

公認会計士（特に厳密なバリュエーションを要する場合）、税理士、金融機関、M&A専門業者、センター（外部専門家を活用）

(3)バリュエーション(企業価値評価・事業価値評価) ⇦

(4)譲り受け側の選定（マッチング） ⇦ M&A専門業者、金融機関、M&Aプラットフォーマー、センター

(5)交渉 ⇦ 弁護士（代理人として交渉を委任する場合）、M&A専門業者、金融機関、センター

(6)基本合意の締結 ⇦ 公認会計士（財務DDを要する場合）、中小企業診断士（ビジネスDDを要する場合）、弁護士（法務DDを要する場合）、センター（外部専門家を活用）

(7)デュー・ディリジェンス(DD) ⇦

(8)最終契約の締結 ⇦ 弁護士（契約内容等の法的なチェックを要する場合）、M&A専門業者、金融機関、センター

(9)クロージング ⇦

(10)クロージング後（ポストM&A） ⇦ 士業等専門家、M&A専門業者、金融機関

主に、顧問である士業等専門家、取引金融機関、仲介契約・FA契約締結後のM&A専門業者、センターは、上記フロー図にかかわらず、上記工程全般における一次的な相談に対応が可能

※事業承継・引継ぎ支援センターは「センター」と記載されている。

MAGL：26ページ

Ⅱ 中小M&Aに向けた事前準備

　「中小M&Aガイドライン」では、以下のとおり、中小M&Aプロセスに進む前に主に譲渡側が行うことが望ましい事前準備についても説明されている。

> 　譲り渡し側経営者が、中小M&Aを実行すべきかどうかについての意思決定を単独で行うことは容易なことではない。したがって、まずは早期に身近な支援機関へ相談した上で、支援機関による助言の下で中小M&Aの事前準備を行うことが望ましい（「1　中小M&Aフロー図」【25ページ以下】★参照）。
>
> ★本書中、図表3-1として掲載

📖 **MAGL：26〜27ページ**

　この「事前準備」は、以下のとおり記載されている。まずは支援機関に相談することが先決である。以下の内容は基本的に譲渡側目線ではあるものの、これを一通り理解しておくことは、譲受側が中小M&Aプロセスを進める上においても有益なことであると思われる。なお、「事前準備」に該当する取組のうち、特に株式・事業用資産等の整理・集約は、中小M&A成立（クロージング）の確度が

ある程度高まってから、中小 M&A プロセスと並行して進むことも多い。

---

(1) 支援機関への相談

　譲り渡し側経営者が中小 M&A の意思決定を行うに当たっては、様々なポイントを検討することになる。しかしながら、譲り渡し側経営者が単独で検討していても、日々の業務への対処等が優先してしまい、なかなか検討が進まないことが多い。また、専門的な知見を有しない中で検討を続けることで誤った判断を行うおそれもある。

　そのため、譲り渡し側経営者がまず行うべきことは、身近な支援機関への相談である。具体的には、商工団体、士業等専門家（公認会計士・税理士・中小企業診断士・弁護士等）、金融機関、M&A 専門業者のほか、事業引継ぎ支援センターといった公的機関があり、まずはこういった支援機関に相談することが望まれる。

　実際には、まず顧問の士業等専門家（特に顧問税理士）に相談することも多いと思われるが、自身が相談しやすいと考えられれば、所属する商工団体、取引金融機関等に相談してもよい。公的機関である事業引継ぎ支援センターや、政府系金融機関である日本政策金融公庫（参考資料５「日本政策金融公庫『事業承継マッチング支援』」★参照）でも相談を受けている。

　その際には、まず、直近３年分の税務申告書・決算書（損益計算書・貸借対照表を含む。）・勘定科目内訳明細書の写しを用意すれば十分である。可能であれば会社案内や自社ホームページの写し等といった、譲り渡し側の事業の概要が分かる資料も用意できるとよい。これら以外の詳細な資料は、支援機関からの指示を受けてから準備すれば足りる。

　中小 M&A の意思決定がまだ済んでいないから相談を控えるの

ではなく、むしろ、意思決定がまだ済んでいないからこそ相談することが必要である。

　なお、支援機関への相談の際には、自分にとってマイナスな情報や後ろめたい情報ほど先に伝えておく真摯な姿勢が望まれる。これにより支援機関も課題への対応策や解決方法等を早期に検討しやすくなり、円滑な中小M&Aに資することになる。

⑵　後継者不在であることの確認

　譲り渡し側経営者は、親族内・社内に後継者候補がいないこと（つまり後継者が不在であること）を確認しておく必要がある。具体的には、親族内承継を実施しないことにつき身近な親族（特に子や兄弟）から了解を得ておくこと、社内に後継者候補がいないこと（従業員承継が不可であること）を確認しておくことが必要である。この際、前述のとおり、秘密保持の観点には注意が必要である。

⑶　引退後のビジョンや希望条件の検討

　譲り渡し側経営者は、引退後のビジョンを含む希望条件を事前によく考えておく必要がある。例えば、当面は譲り渡し側・譲り受け側の事業に関わり続けたいのか、別の事業に進出したいのか、それとも社会貢献活動や余暇を楽しむといった全く別のことを行いたいのか等、引退後にどのような過ごし方を選択するかといった点は、本人のその後の人生にとって重要な要素である。

　また、希望条件についても、代金（譲渡対価）の金額や従業員の雇用継続は、譲り渡し側経営者として懸念することの多い重要な要素の1つではあるが、希望条件として検討すべき要素はこれに限定されるものではない。

　譲り渡し側経営者は、中小M&Aにおける希望条件を明確化し、

可能な限りで優先順位を付しておくことが望ましい。中小M&Aは相手があることであり、譲り渡し側の希望が確実に受け入れられるわけではないが、そのような場合に譲歩できない点を固めておくことは、譲り受け側とどのような点を交渉すべきかを明確化することになり、円滑な交渉の実現にも資するものである。

(4) 中小M&Aに先立つ「見える化」「磨き上げ」(株式・事業用資産等の整理・集約)

一般的に、事業承継においては、経営状況・経営課題等の現状把握（見える化）と、事業承継に向けた経営改善等（磨き上げ）が必要とされるが、中小M&Aの実行のためには、その中でも最低限、株式・事業用資産等の整理・集約が必要である。以下では、この観点より説明する。

ただし、前述のとおり、重要なことはまず支援機関に相談することである。譲り渡し側経営者だけでは株式・事業用資産等の整理・集約が困難な場合もあるため、まずは顧問税理士等の身近な支援機関に相談することが望ましい。

なお、株式や事業用資産等の整理・集約については、法的な論点等についての検討や交渉を要することもあるので、この場合には法務の専門家である弁護士の助言を得ることが望まれる。

① 株式の整理・集約

普段は意識する機会が少ないものの、会社にとって株式は非常に重要なものである。仮に、株式が分散していたり、一部株主の所在が不明であったりする場合、中小M&Aを実行する際に重大な障害となるおそれもある。

基本的に、総議決権の過半数の株式があれば株主総会決議は確実に可決することができるが、特に重要な事項（例えば、全事業

の譲渡）については特別決議（出席株主の議決権の３分の２以上の賛成が必要な決議）が必要となることがあるため、これを確実に可決できるように総議決権の３分の２以上の株式を保有しておくことが望ましい。仮に譲り渡し側経営者が譲り受け側に対して会社の全株式を譲渡する場合（株式譲渡）には、基本的に、譲り渡し側経営者が全株式を保有しておく必要がある。そのためには、他の株主からの株式の買取り（及びそのための買取資金の調達）が必要なケースもある。

　また、株主名簿が正しく整備されているか、実際に出資していない親族・知人等の名義になっている株式（いわゆる名義株）がないか、（株券発行会社の場合）株券が適切に管理されているかといった点も確認が必要である。

②　事業用資産等の整理・集約

　重要な事業用資産等（不動産や機械設備等）について、第三者の名義である、担保が設定されている、遺産分割の対象として争われている、第三者との間で係争中の物件である等の場合、譲り渡し後の事業継続に支障が生じ得るため、これらについても確認が必要である。

　また、中小M&Aにおいては、家族経営の企業が多いことから、譲り渡し側の会社の財産と経営者個人の財産が明確に分離されていないケースも多い。そのようなケースでは、譲渡する事業用資産等を譲り受け側にスムーズに譲り渡せないこともあるため、この点も明確に区別して整理・集約しておく必要がある。

★「中小M&Aガイドライン」掲載の参考資料

MAGL：27～29ページ

Ⅲ　中小M&Aの各プロセス

　以下では、「中小M&Aガイドライン」に即して、中小M&Aの各プロセスについて概説する。

1　意思決定

　譲渡側は必要に応じて支援機関に相談しつつ、M&Aを実行すべきかどうかについての意思決定を行う（承継GL：45ページ）。譲渡側は、この意思決定に至るまでに、多かれ少なかれ様々な葛藤や苦悩を経ることがある。通常、譲受側が譲渡側と接点を持つのはこの意思決定の後であるが、そのような譲渡側の背景にも思いをめぐらすことができると、その後のトップ面談や、PMIプロセスにおける信頼関係構築も、より円滑に進められる可能性がある。

　前述のとおり、中小M&Aに関する意思決定前の段階から必要に応じて支援機関に相談しつつ、整理すべき事項を整理した上で、最終的には自ら明確に意思決定することが必要である。その上で、中小M&Aについて具体的に手続を進めることになる。

中小M&Aにおいては、大きく分けて以下の2点が課題となる。

Ⓐマッチング以前の段階：譲り受け側を見つける方法

Ⓑマッチング後の段階　：譲り受け側が決まった後の具体的な
手続の進め方

この点を踏まえ、以下では、次の2つのパターンに分類して説明する。

(2)－1　仲介者・FAを選定する場合

(2)－2　仲介者・FAを選定せず、工程の多くの部分を自ら行う場合

また、実際には、これら2つのパターンが重なり合うこともある。例えば、次のようなケースも見られる（必要に応じて、士業等専門家を活用するケースもある。）。

●Ⓐマッチング以前の段階において、仲介者・FAを利用せずに自ら譲り受け側を探し（(2)－2）、それでも譲り受け側が見つからない場合には仲介者・FAを選定する（(2)－1）、というケース

●Ⓐマッチング以前の段階において、仲介者・FAを選定せずにM&Aプラットフォームを活用して譲り受け側を自ら見つける（(2)－2）ものの、Ⓑマッチング後の段階においては仲介者・FAを活用して契約交渉等を行う（(2)－1）、というケース
（当事者同士の間でほぼ基本合意が締結できている段階で、クロージングまでの手続のみを仲介者・FAに依頼するというケースは増えつつある。）

📖 MAGL：29〜30ページ

以上のとおり、中小M&Aプロセスを始めることについての意思決定、仲介者・FAの選定についてまず検討が必要である。これを

踏まえて、次のプロセスに進むことになる。

2 仲介者・FA の選定

　マッチング等について、支援機関である仲介者（譲渡側・譲受側の双方と契約を締結する）・FA（フィナンシャル・アドバイザー。譲渡側又は譲受側の一方とのみ契約を締結する）を選定する場合と、選定せずに工程の多くの部分を自ら行う場合があり得る。公的機関である事業承継・引継ぎ支援センターを活用することや、「中小M&Aガイドライン」の遵守等を登録要件とする「M&A支援機関登録制度」に登録済みの仲介者・FAを選定すること等が考えられる（承継GL：45ページ）。

　譲受側においても、仲介者・FAの選定については検討する必要がある（ただし、譲渡側と異なり、継続的に関与している仲介者・FAがいるケースも相当程度あると思われる）。なお、近年は特にM&Aプラットフォームが発達してきており、支援機関である仲介者・FAがマッチング支援ツールとしてM&Aプラットフォームを活用する例も多くみられる。

---

(2)− 1　仲介者・FAを選定する場合
①　仲介契約・FA契約の締結

　まずは仲介者・FAを選定し、仲介契約・FA契約を締結する（名称は「仲介契約」「FA契約」のほか、「業務委託契約」「アドバイザリー契約」等とされることもある。）。

　仲介者・FAの選定に当たっては、業務形態や業務範囲・内容、契約期間、報酬（手数料）体系、M&A取引の実績（M&Aに取

り組んだ件数・年数等）、利用者の声等をホームページや担当者から確認した上で、複数の仲介者・FAの中から比較検討して決定することが重要である。加えて、いわゆる「相性」も重要なことがある。

　また、仲介者・FAのほか、特に顧問税理士等、もともと関与のある士業等専門家の支援の下で手続を進めるケースもある（その場合には、顧問料以外に別途、報酬を支払うケースもあるため、予め確認されたい。）。

　仲介者・FAによっては、業務範囲を「1　中小M&Aフロー図」【25ページ以下】[1]中(2)〜(10)の手続中の特定の工程のみに絞っている場合もあるが、全工程を行う場合でも、特定の業種・地域に特化した仲介者・FAも存在すること等から、どのような支援が自身にとって必要かよく検討して判断する必要がある。

　仲介契約・FA契約を締結する際は、中小M&Aに関する希望条件を明確に伝えつつ締結前に納得がいくまで十分な説明を受けることが必要であり、特に業務の具体的な内容や報酬の妥当性等については、必要に応じて事業引継ぎ支援センターを含め、他の支援機関に意見を求めること（セカンド・オピニオン）も有効である（なお、仲介契約・FA契約締結後においては、譲り渡し側・譲り受け側の情報の管理等の観点から、元の支援機関がセカンド・オピニオンを許容しないことがあるため、このような場合には元の支援機関とよく相談されたい。）。

　仲介契約・FA契約の締結に当たっては、その主なポイントを列記したチェックリストも必要に応じて活用されたい（参考資料6「仲介契約・FA契約締結時のチェックリスト」[2]参照）。

＜仲介契約・FA契約の内容の主なポイント＞

●業務形態

　小規模な中小M&Aについては、FAよりも仲介者の方が多く用いられる傾向にあるが、業務形態により留意すべき事項が異なるため、いずれの業務形態であるか確認しておく必要がある。両者の特徴は後述「②　仲介者・FAの比較」【32ページ以下】を参照されたい（参考資料7(1)「仲介契約書（M&A仲介業務委託契約書）サンプル」★²参照）。

●業務範囲・内容

　例えば、次のような形が考えられる。

- 譲り渡し側・譲り受け側のマッチングまで
- バリュエーション（企業価値評価・事業価値評価）やデュー・ディリジェンス（DD）まで
- 株式譲渡や事業譲渡といった具体的なスキーム（手法）の策定まで
- クロージング（決済）まで
- PMI（M&A実行後における事業の統合に伴う作業）まで

　　ただし、これらはあくまで例示に過ぎず、業務範囲・内容は、各仲介者・FAによって異なる。手数料と比較して十分な内容であるとして納得できるかどうか、必要であれば事業引継ぎ支援センター等へのセカンド・オピニオンも活用しながら、十分に検討することが望ましい。

●手数料の体系

　例えば、次のような体系が考えられる。

- 着手金（主に仲介契約・FA契約締結時に支払う）
- 月額報酬（主に一定額を毎月支払う）

- 中間金（例えば基本合意締結時等、案件完了前の一定の時点に支払う）
- 成功報酬（主にクロージング時等の案件完了時に支払う）

　ただし、これらはあくまで例示に過ぎず、手数料の金額や体系は、各仲介者・FAによって異なる。例えば、これらを全て請求する仲介者・FAもいる一方、着手金・月額報酬・中間金を請求せずに成功報酬のみ請求する（いわゆる完全成功報酬型の）仲介者・FAもいる。

　また、成功報酬を算定する際には、一定の価額（例えば、譲渡額、移動総資産額、純資産額といったものが考えられ、各仲介者・FAによって異なる。）に、一定の方式に則った計算を施すものが多い。その場合でも、最低手数料が定められているケースも多い（その水準は、各仲介者・FAにおいて異なるため、比較検討することが望ましい。）。この点については、後述の「Ｖ　仲介者・FAの手数料についての考え方の整理」【44ページ以下】[3]において説明する。

　なお、仲介者の場合は、譲り渡し側・譲り受け側の双方と契約を締結の上、譲り渡し側・譲り受け側の双方に対し手数料を請求することが通常である。

● 秘密保持

　前述のとおり、情報の漏えいがあった場合にはM&Aが頓挫してしまうことがあり、秘密保持の観点は重要であるため、仲介者・FAとの間の業務委託契約等においても、秘密保持条項が含められていることが通常である。

　特定の者（例えば、公認会計士、税理士、弁護士等の士業等専門家）への情報共有が許容されている場合（秘密保持義務が一部解除されている場合）もあるため、そのような規定があるかも確

認しておくことが望ましい。

● **専任条項**

通常、マッチング支援等において並行して他の仲介者・FAへの依頼を行うことを禁止する条項（いわゆる「専任条項」）が設けられている。他の仲介者・FAにセカンド・オピニオンを求めることや他の仲介者・FAを利用してマッチングを試みること等、禁止される行為が具体的にどのような行為であるのかという点を予め確認しておくことが望ましい。また、契約期間や中途解約に関する事項等についても併せて確認しておくことが望ましい。

● **テール条項**

マッチング支援等において、M&Aが成立しないまま、仲介契約・FA契約が終了した後、一定期間（いわゆる「テール期間」）内に、譲り渡し側がM&Aを行った場合に、その契約は終了しているにもかかわらず、その仲介者・FAが手数料を請求できることとする条項（いわゆる「テール条項」）が定められる場合がある。テール期間の長さ（最長でも2年～3年以内が目安である。）や、テール条項の対象となるM&A（基本的には、その仲介者・FAが関与・接触し、譲り渡し側に対して紹介した譲り受け側とのM&Aのみに限定される。）について、予め確認しておくことが望ましい。

② **仲介者・FAの比較**

仲介者・FAの業務内容等は、概ね、以下のとおりである。なお、マッチング支援等において、仲介者は譲り渡し側・譲り受け側の双方から手数料の支払を受けることが通常である。したがって、譲り渡し側の事業規模が小さく、支援機関に対して単独で手数料

を支払うだけの余力が少ない小規模な中小M&Aについては、FAよりも仲介者が多く用いられる傾向にある。

形態	業務内容	特徴	活用するのに適するケース
仲介者	譲り渡し側・譲り受け側の双方と契約を締結する。	譲り渡し側・譲り受け側の双方の事業内容が分かるため、両当事者の意思疎通が容易となり、中小M&Aの実行に向けて円滑な手続が期待できる。	• 譲り渡し側が譲渡額の最大化だけを重視するのではなく、譲り受け側とのコミュニケーションを重視して円滑に手続を進めることを意図する場合 • 譲り渡し側の事業規模が小さく、支援機関に対して単独で手数料を支払うだけの余力が少ないが、できるだけ支援機関のフルサービスを受けたい場合
FA	譲り渡し側・譲り受け側の一方と契約を締結する。契約者の意向を踏まえ、契約者に対し踏み込んだ助言・指導等まで行うことが多い。	一方当事者のみと契約を締結しており、契約者の利益に忠実な助言・指導等を期待しやすい。	• 譲り渡し側が譲渡額の最大化を特に重視し、厳格な入札方式（最も有利な条件を示した入札者を譲り受け側とする方式）による譲り渡しを希望する場合（例えば、債務整理手続を要する債務超過企業のM&Aの場合等） • このような手続を実施するための費用負担能力がある場合（特に、規模が比較的大きいM&Aの場合）

(2)−2 仲介者・FAを選定せず、工程の多くの部分を自ら行う場合

取引先や地域内の同業他社等を譲り受け側として自ら見つけるケースは、近年、増加の傾向にあるとされる。

また、インターネット上のシステムを活用し、オンラインで、

譲り渡し側と譲り受け側のマッチングの場を提供するウェブサイトであるM&Aプラットフォームに登録することが、中小M&A実現の可能性を高めるという点で有効なケースもある（M&Aプラットフォームについては、「Ⅲ　M&Aプラットフォーム」【39ページ以下】★3参照）。各M&Aプラットフォームにおいて、登録案件数、登録が必要な情報の種類、登録された情報が開示される範囲や、マッチング後の支援の有無・内容等には差異があるので、数社を比較検討することが望ましい。

　これらのケースでも、前述のとおり、秘密保持に注意する等、慎重な対応を要するポイントが多いことから当事者同士で手続を進めることに不安を感じた場合には、士業等専門家等や事業引継ぎ支援センター等の公的機関に相談することが望ましい。

　なお、秘密保持契約を、譲り渡し側・譲り受け側の当事者間で締結する場合は、参考資料7(2)「秘密保持契約書サンプル」★2を参照されたい。

※　以下の記載は、(2)－1を前提とするが、(2)－2の場合であっても、仲介者・FAや士業等専門家を一部の工程について利用する場合には、その工程において、以下に準じた対応を行うことが考えられる。

★1　本書中、図表3-1として掲載
★2　「中小M&Aガイドライン」掲載の参考資料
★3　「中小M&Aガイドライン」に掲載

MAGL：30〜34ページ

　仲介者とFAのいずれかを選定するかという点については、それぞれの特徴を比較しながら検討する必要がある。

この点、前述のとおり、仲介業務やFA業務に従事するM&A専門業者においては、具体的な行動指針が策定されており（MAGL：52〜59ページ）、その内容は、「金融機関、士業等専門家やM&Aプラットフォーマー等が仲介業務・FA業務等を行う場合にも、業務の性質・内容が共通する限りにおいて、」「準拠した対応」が想定されている（MAGL：53ページ）。そして、これらの内容のうち、特に具体的な行動が規定されているものを中心に、前述のM&A支援機関登録制度において遵守を求められている。

なお、「中小M&Aガイドライン」において、セカンド・オピニオンは各所で推奨されているものの、その具体的な進め方についてはほとんど明記されておらず（ただし、24ページや30ページにおいて情報管理等の観点での留意点に言及している箇所等はある）、実務に委ねられている。中小M&Aにおいて、セカンド・オピニオンは、有効に機能するケースもあれば、内容や手法によっては却って弊害が大きいと思われるケースも散見されるので、今後はその具体的な在り方についても検討を要すると思われる。

3 バリュエーション（企業価値評価・事業価値評価）

仲介者・FAや士業等専門家が、譲渡側経営者との面談や提出資料、現地調査等に基づいて譲渡側の企業・事業の評価を行う。事例ごとに適切な方法は異なるため、支援機関に相談の上、各事例において適切な方法を選択することが望ましい。なお、M&Aにおけるバリュエーションにおいては、相続税等を計算するための株価評価とは異なる金額となることが一般的であり、また算出された金額が必ずそのままM&Aの譲渡額となるわけではなく、交渉等の結果、

当事者同士が最終的に合意した金額が譲渡額となる点は、注意を要する（承継GL：45ページ）。

　通常は、バリュエーションの後の段階において、（主に譲受側による）DD等を踏まえて譲渡額が調整されることになる。

　仲介者・FAや士業等専門家が、譲り渡し側経営者との面談や提出資料、現地調査等に基づいて譲り渡し側の企業・事業の評価を行う。

　中小M&Aでは、「簿価純資産法」、「時価純資産法」又は「類似会社比較法（マルチプル法）」といったバリュエーションの手法により算定した株式価値・事業価値を基に譲渡額を交渉するケースが多いが、事例ごとに適切な方法は異なるため、相談先の支援機関に相談の上、各事例において選択することが望ましい。

　また、算出された金額が必ずそのまま中小M&Aの譲渡額となるわけではなく、交渉等の結果、「簿価純資産法」又は「時価純資産法」で算出された金額に数年分の任意の利益（税引後利益又は経常利益等）を加算する場合等もあり、当事者同士が最終的に合意した金額が譲渡額となるという点は理解されたい。

　これら中小M&Aの譲渡額の算定方法の詳細については、参考資料2「中小M&Aの譲渡額の算定方法」★を参照されたい。

★ 「中小M&Aガイドライン」掲載の参考資料

MAGL：34ページ

　なお、前述の「事業引継ぎガイドライン」では、あくまで「参考」としてではあるが、特に「事業評価算定事例：時価純資産＋のれん

代」が明示的に紹介されていた（55ページ）。現実の中小M&A実務においてこのような事例はあり得るものの、「中小M&Aガイドライン」では、その他の一定の選択肢についても明示的に紹介されている（参考資料2「中小M&Aの譲渡額の算定方法」4ページ以下参照）。

4 譲受側の選定（マッチング）

M&Aにおいて、「相手探し」であるマッチングは、特に重要な工程である（承継GL：45ページ）。譲受側にとっても、マッチングは、自社の目的に適ったM&Aを実現できるか否かに大きな影響のある、重要なポイントである。

> 中小M&Aを進める上で、マッチングは重要な工程である。
>
> マッチングを具体的に進めるに当たり、仲介者・FAは、通常、まず譲り渡し側を特定できない内容のノンネーム・シート（ティーザー）を、数十社程度にまで絞り込んだリスト（ロングリスト）内の企業に送付し打診する。その上で、関心を示した候補先から譲り受け側となり得る数社程度をリスト（ショートリスト）化し、これらとの間で秘密保持契約を締結した上で、その後の手続を進めることが通常である。仲介者・FAは、譲り渡し側についての企業概要書を譲り受け側の候補先に交付し、その後のマッチング支援等を行う。
>
> 譲り渡し側は、マッチングを希望する候補先、あるいは打診を避けたい先があれば、事前に仲介者・FAに伝えることが望ましい。また、打診を行う優先順位について、仲介者・FAとの間で十分な話し合いを行われたい。

なお、仮に、リスト内の候補先とのマッチングが連続して不調に終わったとしても、その後に譲り渡し側の事業を評価する候補先が現れて、中小M&Aが成立する可能性は十分にある。それでもなお、譲り渡し側が譲り受け側を見つけることができず、やむなく廃業せざるを得ない場合には、事業において利用していた事業用資産等の経営資源の引継ぎの検討を開始することが望まれる。譲り受け側の探索をいつ打ち切るかは、譲り渡し側と仲介者・FAとで協議の上で決定されたい。

MAGL：34〜35ページ

　譲受側としては、M&A初期検討段階においてM&Aの目的と十分に向き合った上でマッチングに臨むことが重要である。そうすることで、M&Aを成功させられる可能性だけでなく、M&Aを断念すべきときに断念できる可能性もまた高まるものと思われる（むしろ後者のほうが重要なケースもある）。

5 交渉

　交渉の進め方は事例ごとに様々であるが、特に譲渡側・譲受側の経営者同士の面談（トップ面談）は、譲受側の経営理念・企業文化や経営者の人間性等を直接確認するための場であり、その後の円滑な交渉のためにも重要な機会である（承継GL：45ページ）。譲受側においては、譲渡側との信頼関係構築はこの時点ですでに始まっているため、譲渡側経営者の背景や感情にも留意しつつ慎重な対応をとる必要がある。その点を含め、トップ面談における仲介者・FAによるコーディネートは重要である。

交渉の進め方は、譲り渡し側・譲り受け側の関係や事業の類似性、譲り渡し側・譲り受け側と仲介者・FAとの関係度合等により、譲り渡し側・譲り受け側の経営者同士の面談（トップ面談）の時期や方法も含め、様々な形態がある。

　特に、トップ面談は、譲り受け側の経営理念・企業文化や経営者の人間性等を直接確認するための場であり、その後の円滑な交渉のためにも重要な機会である。一方、自分の態度や表情も相手方に直接伝わりやすく、不用意な言動も信頼を損なうおそれがあるため誠意ある態度で真摯に面談に臨む必要がある。

　また、トップ面談を含む交渉の際には、中小M&Aにおける希望条件を明確化し、可能な限りで優先順位を付し、特に、絶対に譲歩できないのがどの点なのか固めておくことが望ましい。

　いずれにせよ、仲介者・FAと緊密なコミュニケーションを取り、仲介者・FAのアドバイスを得て交渉を進めることが重要である。

　なお、譲り渡し側経営者は、特に中小M&A実行後の従業員の処遇を懸念することが多く、それが中小M&Aの促進にとって阻害要因になっているおそれもある。実際、中小M&A実行後に従業員の一斉解雇（リストラ）が行われるケースは多くないと言われるが、譲り渡し側経営者は、譲り受け側経営者が譲り渡し側幹部役員等に対して高圧的な態度を取ることなく、譲り受け側役員・従業員と同等に接する姿勢を心掛けているか、確認しておくことが考えられる。

📖 MAGL：35ページ

本ガイドラインでも、トップ面談は重要なプロセスとして意識さ

れている。「譲り受け側経営者が譲り渡し側幹部役員等に対して高圧的な態度を取ることなく、譲り受け側役員・従業員と同等に接する姿勢を心掛けているか」（MAGL：35ページ）という点は、まさに中小PMIにおける「信頼関係構築」に関わる部分であるといえる。

6 基本合意の締結

その時点における譲渡側・譲受側の主な了解事項を確認する目的で、基本合意を締結する（承継GL：45ページ）。基本的に法的拘束力はないが、譲受側の独占的交渉権や秘密保持義務等については法的拘束力を認めることが通常である。特に独占的交渉権は、譲受側がその後のDDを踏まえた本格的な検討を行う際の前提となるものであるため、基本合意締結の実質的な意義の１つであるといえる。

> 当事者間の交渉により概ね条件合意に達した場合には、譲り渡し側と譲り受け側との間で最終契約におけるスキーム（株式譲渡や事業譲渡といった手法）、デュー・ディリジェンス（DD）前の時点における譲渡対価の予定額や経営者その他の役員・従業員の処遇、最終契約締結までのスケジュールと双方の実施事項や遵守事項、条件の最終調整方法等、主要な合意事項を盛り込んだ基本合意を締結する（参考資料7⑶「基本合意書サンプル」★参照）。
>
> 基本合意の締結に当たっては、仲介者・FAや士業等専門家の助言を受けて調印することが大切である。
>
> ただし、資金繰り等の関係で、クロージング（決済）を急ぐ必要がある場合には、基本合意を締結せず、最低限の秘密保持契約の締結のみに留めて、最終契約締結に直接進むケースもあるため、

状況に応じて、仲介者・FAや士業等専門家に相談されたい。

★「中小M&Aガイドライン」掲載の参考資料

📖 MAGL：35～36ページ

本ガイドラインでは、取組によって若干の差異はあり得るものの、概ねこの基本合意締結時までには"プレ"PMIプロセスが始まることを前提として整理されているものと思われる。

7 DD

主に譲受側が、譲渡側の財務・法務・ビジネス（事業）・税務等の実態について、士業等専門家等を活用して調査する（承継GL：45～46ページ）。DDは譲受側による現状把握のための重要なステップの1つである。「中小M&Aガイドライン」では、各DDについての説明はそれぞれの支援機関の箇所に記載されている。

デュー・ディリジェンス（DD）は、主に譲り受け側が、譲り渡し側の財務・法務・ビジネス（事業）・税務等の実態について、FAや士業等専門家を活用して調査する工程であり、譲渡対価の金額の精査や、判明した実態を踏まえて更に事業の改善を行うこと等の目的で行われる。譲り受け側がDDを行う場合、どの調査を実施するかについては、譲り受け側の意向に従うこととなる。

通常、譲り受け側がFAや士業等専門家に調査の実施を依頼する。譲り渡し側が、中小M&Aに関して社内（役員・従業員等）

への情報開示を行っていない場合は、その非開示の役員・従業員等に悟られずに実施する等の工夫が必要であるため、譲り渡し側・譲り受け側ともに、FAや士業等専門家の指示を守ることが重要である。

　なお、DDは、想定し得るリスク全般について調査することもあれば、対象事項等を限定して簡易な形で行うこともあり、調査の密度は様々である。中小M&Aの実務においては、譲り受け側が専門家費用を投じて本格的なDDを行うことなく、譲り渡し側の数年分の税務申告書の確認及び譲り渡し側経営者へのヒアリング等の調査だけで終えることもある。

📖 MAGL：36ページ

　なお、本ガイドラインにも記載のとおり、譲渡側の現状を把握するための手段において、DDは重要な位置を占めている。第1回小委員会においても「PMIの視点を入れたデューデリジェンス」というコメントがなされていた（第1回小委員会議事概要3ページ）。しかし、M&A実行前のDDは、あくまでM&Aプロセス中の限られた期間内に行うものであり、ときには限られた予算内において、可能な範囲で収集した資料に基づいて、一定の対象範囲について調査するものである。DDの時点において開示された資料のみでは把握できない事実が判明することも少なくない。そのため、譲受側は、M&Aのクロージングの後においても、引き続き現状把握を行う必要がある。

8 ▶ 最終契約の締結

DDで発見された点等について再交渉を行い、最終的な契約を締結する。主に株式譲渡か事業譲渡が用いられることが多い（承継GL：46ページ）。譲受側にとっては、譲渡側の事業のリスクをどの程度遮断・分担する必要があるのか等を検討しながら、（株式譲渡や事業譲渡といった）手法の選択や、（表明保証条項等を含む）契約内容を詰めていくことになる。

デュー・ディリジェンス（DD）で発見された点や基本合意で留保していた事項について再交渉を行い、最終的な契約を締結する工程である。

仲介者・FAや士業等専門家のアドバイスを受けながら、契約内容に必要な事項が網羅されているかを最終的に確認した後、調印を行う。仲介者・FAや士業等専門家によるアドバイスに納得できず、不安がある場合には、調印前に契約内容に関する意見を他の支援機関に求めること（セカンド・オピニオン）も有効である。また、契約に盛り込む内容や条件を早い段階から仲介者・FAに伝えておいた方が、円滑な契約締結につながることが多い。

中小M&Aの実務においては、株式譲渡か事業譲渡の手法が選択されることが多い。それぞれの手法の大まかな特徴は以下のとおりである（その他の手法も存在する。概要は参考資料1「中小M&Aの主な手法と特徴」★参照）。なお、株式譲渡も事業譲渡も、全部譲渡は必須ではなく、一部譲渡のケースもあるが、その点は譲り渡し側・譲り受け側の協議・交渉によって決定されることになる。

●**株式譲渡**（参考資料7⑷「株式譲渡契約書サンプル」★参照）

　譲り渡し側の株主（多くの場合は経営者）が、譲り受け側に対し、譲り渡し側の株式を譲渡する手法である。手続は比較的シンプルだが、譲り渡し側の法人格に変動はないため、（未払残業代等、貸借対照表上の数字には表れない）簿外債務・（紛争に関する損害賠償債務等、現時点では未発生だが将来的に発生し得る）偶発債務リスクが比較的高くなりやすく、より詳細なデュー・ディリジェンス（DD）が実施される傾向にある。

●**事業譲渡**（参考資料7⑸「事業譲渡契約書サンプル」★参照）

　譲り渡し側が、譲り受け側に対し、自社の事業を譲渡する手法である。譲渡の対象となる財産（承継対象財産）を選択でき、譲り渡し側の法人格から切り離すことができるため、簿外債務・偶発債務リスクを比較的遮断しやすいが、手続には（土地、建物や機械設備等といった）承継対象財産の特定や、（不動産登記手続等の）対抗要件具備、許認可の取得等の作業が必要になる。

　なお、個人事業主の中小M&Aは、事業譲渡の手法を用いることが通常である。

　また、最終契約で取り決める主要な内容は以下のとおりである（株式譲渡・事業譲渡の両方に共通である。）。
・譲渡対象（何を譲渡するか）
・譲渡時期（いつ譲渡対象を譲渡するか）
・譲渡対価（代金をいくらにするか）
・支払時期・方法（譲渡対価をいつどのような方法で支払うか）
・経営者・役職員の処遇（経営者による引継ぎ期間や、従業員の雇用継続の努力義務等を設けてあるか）

- 表明保証条項（双方が取引を実行する能力を有していることの確認等を含め、何を求められており、仮に違反した場合にどのような補償等を求められているか）
- クロージングの前提条件（クロージングまでに何を行う必要があるか）
- 競業避止義務（譲渡後に競合する事業を行うことがどの程度禁止されているか）
- 契約の解除事由（どのような場合に契約を解除できるか）　等

　なお、譲渡対価は、クロージングを迎えて初めて支払われることが通常であり、最終契約締結後クロージングまでの時期に関して、最終契約上で何らかの条件（前述のクロージングの前提条件）が規定されることもある。また、譲り渡し側・譲り受け側の協議において、中小M&Aに関する情報をクロージング後に公表する旨の合意をしている場合には、それまでの間、秘密保持を貫く必要がある。中小M&Aは、最終契約締結によって全て完了するものではない、という点には注意が必要である。

★「中小M&Aガイドライン」掲載の参考資料

📖 **MAGL：36～37ページ**

　なお、「中小M&Aガイドライン」の参考資料のうち、以上で引用されている参考資料7「各種契約書等サンプル（31ページ以下）のほか、中小M&Aにおける各種手法については、参考資料1「中小M&Aの主な手法と特徴」（1ページ以下）も参考になるものと思われる。

9 ▶ クロージング

　M&Aの実行段階である。株式や事業の譲渡、譲渡代金の支払等を行う（承継GL：46ページ）。譲受側においても、最終契約に基づく決済に必要な書類や送金の準備等、一定の事前対応を要することが一般的である。

　中小M&Aの最終段階であり、株式等の譲渡や譲渡対価の支払を行う。特に譲り受け側から譲渡対価の全部又は一部が確実に入金されたことを確認することが必要である。

　仮に事業譲渡の手法を選択し、承継対象財産の中に不動産が含まれる場合には、クロージング後速やかに登記手続を行う必要があるため、クロージングにおいて登記必要書類を授受することが通常である。そのような場合には、司法書士等とも日程調整の上、クロージングに向けた具体的な段取りの準備を進める。

　金融機関からの借入金や不動産等への担保設定がある場合は、担保解除（及びこれに伴う担保抹消登記手続）につき、取引金融機関との調整が予め必要となることがあり、その場合には、自ら調整を行うか、仲介者・FAや士業等専門家の指示に従い、必要な手続を進めることが必要である。

📖 MAGL：38ページ

　クロージングは譲渡側にとっても譲受側にとっても1つの区切り目ではあるが、ここまでの"プレ"PMIプロセスにおける対応がその後のPMI（集中実施期）の充実の程度にもつながる。

10 クロージング後（ポスト M&A）

「中小 M&A ガイドライン」においても、ポスト M&A に関して以下のような記載がある。

> クロージングを迎えた後も譲り渡し側経営者は、PMI（M&A 実行後における事業の統合に伴う作業）として、譲り受け側による円滑な引継ぎ等に向けて、誠実に対応する必要がある（最終契約において具体的な協力義務等を定めている場合には、これを果たす必要がある。）。
>
> 例えば、株式譲渡や事業譲渡の場合、以下のような引継ぎ等の作業が必要となる。
>
> **＜共通＞**
> - 中小 M&A クロージングについての役員・従業員や取引先等に対する報告
> - リース契約・賃貸借契約・金銭消費貸借契約等に関する名義変更・経営者保証解除・（連帯）保証人変更（なお、クロージング前に、リース会社・賃貸人・取引金融機関等との協議・交渉を開始することが多い。特に、賃貸借契約等についてのチェンジ・オブ・コントロール条項の定めがある場合には、当該契約等の継続のために事前に賃貸人等との協議や交渉が必要になることがあるため、注意が必要である。）
> - 業務フローの引継ぎ・業務管理体制の構築　等
>
> **＜株式譲渡の場合＞**
> - 代表者変更のための株主総会・取締役会や登記手続　等

<＜事業譲渡の場合＞

- 売掛金の振込先口座の変更
- クロージング後における売掛金の入金・買掛金の出金の清算
- 給与体系・就業規則その他の人事労務関係の統一　等

　譲り渡し側は、譲り受け側の希望に応じて、引継ぎ等の作業に適宜協力することが望まれる。こういった作業には、3か月〜1年程度の時間を要することが多いが、個別のケースにおいて異なる。

　この工程を経て、譲り渡し側経営者は、徐々に事業運営から離れていくことになり、また、譲り受け側は、譲り渡し側の事業を実質的にも引き継ぐことになる。

MAGL：38〜39ページ

　ここで記載されている内容は、ポストクロージング（ポスクロ）やPMIの作業のごく一部であり、譲渡側又はその経営者の目線から見たクロージング後（ポストM&A）の作業の概観であるといえる。

Ⅳ 「中小M&Aガイドライン」と「中小PMIガイドライン」の接続

　以上のとおり、「中小M&Aガイドライン」にもポストM&Aに関する記載は見られるものの、譲渡側の目線からポストM&Aを簡単に説明しているものであり、PMIプロセスの全体像について説明しているものではない。このような記載については、本ガイドラインにおける、主に譲渡側経営者への対応に関する部分（43ページ以下）が、譲受側からの目線として対応しているといえる。

　また、「中小M&Aガイドライン」は、中小M&Aにおいて支援機関の果たす役割に関して説明しているところ、特に中小企業診断士の主な役割の中にPMI支援が位置付けられている（75ページ）。本ガイドラインは、中小企業診断士を中小PMIの支援機関の中でも特に重要なものとして位置付けており、この点は「中小M&Aガイドライン」における整理とも整合的であると思われる。

　「中小M&Aガイドライン」と本ガイドラインは、異なる目線、異なるメンバー（委員及び事務局）によって策定された指針ではあるものの、一貫したポリシーが所々に垣間見えているといえる。

第4章

中小PMI各論

はじめに

　本章では、本ガイドライン第2章（中小PMI各論）に準拠し、関連する資料を交えながら、中小PMI各論について解説する。

　第1章（中小PMI総論）では、PMIの全体像などを説明しているが、本章では、それを前提に、案件規模別のPMI推進体制や、3つの領域（経営統合、信頼関係構築、業務統合）における基礎的・発展的な取組例など、中小PMIの内容について更に具体的に説明している。特に、業務統合のうち、事業機能の統合においては、シナジー（相乗効果）を軸とした整理を行っている点が特徴的である。随所に散りばめられているコラムも必要に応じてご参照いただきたい。

　なお、本ガイドラインでは、支援機関向けに独立した章は設けられていないものの、特に中小PMI各論に関する部分は、支援機関にとっても有用な内容が多いものと思われる。

Ⅰ 中小PMI各論の概要

　本章ではこれまでの解説を踏まえて、中小PMI各論について説明する。この点、本ガイドラインの「中小PMI各論」は、「PMIの取組を【基礎編】と【発展編】に整理した」上、「譲受側・譲渡側の会社規模等、個社の状況に応じて参照」されることを想定している。

　「本章の全体像と読み方」について、本ガイドラインは以下のとおり記載している。

中小M&Aといっても、譲受側・譲渡側の会社規模やM&Aの目的は様々であり、一括りにして取り扱うことは妥当ではない。また、中小企業は、人員や資金面での経営資源に制約がある中でPMIの取組を進める必要がある。本ガイドラインでは、PMIにかけられる経営資源等に応じて、必要な取組を参照できるよう、M&A案件規模に応じて**1 小規模案件**、**2 中規模・大規模案件**、の2パターンの読み手を想定した。

また、本章は中小PMIの支援を行う支援機関も読み手として想定している。支援先の企業が円滑に事業を引き継ぎ、M&Aの目

的やシナジー効果等を実現するため、本章を参照して支援を行うことを期待する。

📖 PMIGL：29ページ

1　小規模案件　➡　【基礎編】を中心に参照
PMIにかけられる経営資源が限られている場合でも、持続的発展に向けて譲渡側の事業を円滑に引き継ぐことが重要であるため、譲渡側の事業を円滑に引き継ぐ上で重要な取組を整理した【基礎編】を参照し、PMIに取り組んでいただきたい。その上で、必要に応じて【発展編】も参照いただきたい。

2　中規模・大規模案件　➡　【基礎編】に加えて【発展編】を参照
【基礎編】の内容を押さえた上で、M&Aの目的やシナジー効果等の実現に向けた、より高度な取組を整理した【発展編】を参照し、PMIに取り組んでいただきたい。

📖 PMIGL：29ページ

　ここでいう「小規模案件」と「中規模・大規模案件」の区別は、図表4-1のとおりである。大規模案件であっても想定譲渡側売上高は「3億〜10億円程度」に留まるが、より大きな規模の譲渡側を対象とする中小M&A案件についても、本ガイドラインは参考になるものと思われる。

▷ **図表4－1**

本章で想定している案件のイメージ

	1 小規模案件	2 中規模・大規模案件
＜想定譲受側売上高＞	～3億円程度	10億～30億円程度
＜想定譲渡側売上高＞	～1億円程度 （～想定従業員5名程度）	3億～10億円程度 （想定従業員15～100名程度）
＜M&A実施の主な目的＞	持続的発展志向 ────────── 成長志向

PMIGL：29ページ

　本章の構成は以下のとおり、大きく分けて「PMI推進体制」と「PMIの取組」の2つである。

▷ **図表4－2**

本章の構成

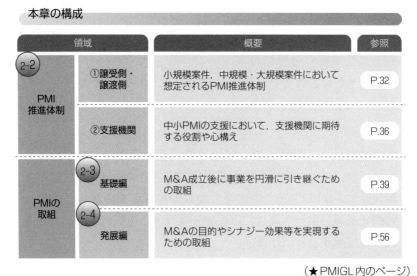

領域		概要	参照
PMI推進体制	2-2 ①譲受側・譲渡側	小規模案件，中規模・大規模案件において想定されるPMI推進体制	P.32
	②支援機関	中小PMIの支援において，支援機関に期待する役割や心構え	P.36
PMIの取組	2-3 基礎編	M&A成立後に事業を円滑に引き継ぐための取組	P.39
	2-4 発展編	M&Aの目的やシナジー効果等を実現するための取組	P.56

（★PMIGL内のページ）

PMIGL：30ページ

Ⅱ　PMI推進体制

　ここでは、PMI推進体制について、①譲受側・譲渡側（M&Aの当事者）と②支援機関に分けて解説する。

1　譲受側・譲渡側

　「M&A成立後は、通常業務に加えてPMIの取組を実施することになる」ため、「人員の状況等に鑑み、適切な役割分担でPMI推進体制を構築する」必要がある。

　「中小PMIにおける推進体制の特徴」について、本ガイドラインは以下のとおり記載している。

> 中小企業同士のPMIにおいては、譲受側・譲渡側ともに人員に余裕がないことが多いため、譲受側の経営者や役員等が、重要意思決定やPMIの企画・推進等の複数の役割を兼任することが一般的である。実務作業は、譲受側・譲渡側の役職員から協力を得ながら推進することが多い。

PMIGL：32ページ

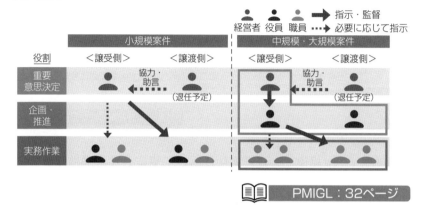

▶ 図表4-3

次に、規模別の推進体制について説明する。

「小規模案件において想定される推進体制」について、本ガイドラインは以下のとおり記載している。

小規模案件では、譲受側・譲渡側ともに特に人員に余裕がないことが多く、**基本的に譲受側経営者がほぼ全てのPMIの取組に対応せざるを得ないため、譲渡側のPMIと譲受側の経営等の両立がポイント**となる。
そのため、社内外の関係者から必要な協力を得ることができるよう信頼関係を構築することが重要である。

PMIGL：32ページ

▶ 図表 4 - 4

【推進体制の構築に向けた取組例】
- 譲受側経営者をサポートする人材として、譲受側から信頼できる従業員を派遣する
- 譲渡側から信頼できる従業員を選任する

> これらの従業員がPMIを熟知していることは稀であるため、譲受側経営者がPMIの進捗状況を管理することが必要です。

📖 PMIGL：32ページ

　他方で、「中規模・大規模案件において想定される推進体制」について、本ガイドラインは以下のとおり記載している。

中規模・大規模案件におけるPMIの取組は、小規模案件と比べて広範囲かつ複雑になることから、譲受側経営者が複数の役割を兼任することは容易ではない。

一方で、中規模以上の中小企業は、大企業と比べれば人員や資金面での経営資源に制約はあるものの、譲受側・譲渡側ともに一定数以上の役職員を抱えていることが多い。

このため、①**重要意思決定**、②**企画・推進**、③**実務作業**を分担して効率的に行うことが重要である。

📖 PMIGL：33ページ

【推進体制の構築に向けた取組例】
❶　重要意思決定
譲受側経営者を中心にPMIに関する重要な意思決定を行う。譲受側の人員の状況等に応じて、譲受側の他の役員等（譲受側から譲渡側に派遣する役員等を含む。）についても、意思決定に関与させることも検討する。

また、譲受側の経営者や役員等だけでPMIに関する重要な意思決定を行う場合、譲渡側の役職員の納得感や理解を得られず、PMIを円滑に行えないおそれ等もあるため、譲受側・譲渡側の関係性等に応じて、譲渡側の先代経営者や役員等も意思決定に関与させることを検討することが望ましい。

❷ **企画・推進**

PMIに関する重要な意思決定を円滑に行い、かつPMIに関する実務作業を確実に行えるよう、重要意思決定を担う者と実務作業を担う者との間でPMIの企画・推進等を行う役職員を配置する。なお、譲受側において人員が不足している場合には、企画・推進等を行う役職員を通常業務と兼任させることもあり得る。さらに、譲受側経営者が、譲渡側の各部門長や現場担当者等の実務作業を担う者と直接やり取りを行ったり、実務作業を担う者から定期的に進捗状況の報告を受けて必要な作業方針を指示する会議体を設置したりすることで、企画・推進等の役割を省略することもあり得る。

❸ **実務作業**

業務領域の各機能（事業機能、管理機能）において、PMIに関する具体的な実務作業を行う役職員を配置する。さらに、譲受側の部門長や現場担当者等を譲渡側の当該部門に派遣（転籍を含む。）することもあり得る。
その際、少なくとも重点的に取り組む必要があると判断される機能については、譲渡側と譲受側とが協力してPMIに取り組むチーム（分科会）を設置することが望ましい。

 PMIGL：33ページ

ここからは、「中規模・大規模案件におけるPMI推進体制の実態」についての調査結果をまとめている。

　まずは「譲受側・譲渡側の関与状況」についての調査である。「PMI推進体制に関与する平均人数は、譲受側が4.71人に対し、譲渡側は2.04人。譲受側の関与者に対し、譲渡側の関与者は少ない傾向にある」という結果が示されている。特に譲渡側は、経営者以外に1人いるかいないかという状況である。いかに中小PMIが人的リソースという制約との闘いであるかが可視化されているともいえる（図表4‐5）。

　次は、「PMI推進における役割」である。「重要意思決定、企画・推進の役割は、多くのケースで、譲受側経営者だけでなく、譲受側役員や、譲渡側の前経営者等が関与している。実務作業の役割は、多くのケースで、何らかのチームが組まれている」という調査結果が示されている。また、「支援機関の編成」を見てみると、「会計・財務」（48％）分野が飛びぬけて高く、「法務」（27％）、「人事」（23％）が続いており、管理機能に関するものが目立つ（図表4‐6）。

▶ 図表4-5

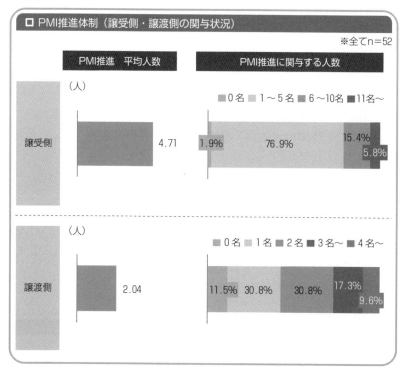

□ PMI推進体制（譲受側・譲渡側の関与状況）

※全てn＝52

PMI推進　平均人数	PMI推進に関与する人数

譲受側
（人）
4.71

■0名 ■1〜5名 ■6〜10名 ■11名〜
1.9%　76.9%　15.4%　5.8%

譲渡側
（人）
2.04

■0名 ■1名 ■2名 ■3名〜 ■4名〜
11.5%　30.8%　30.8%　17.3%　9.6%

📖 PMIGL：34ページ

▶ 図表4－6

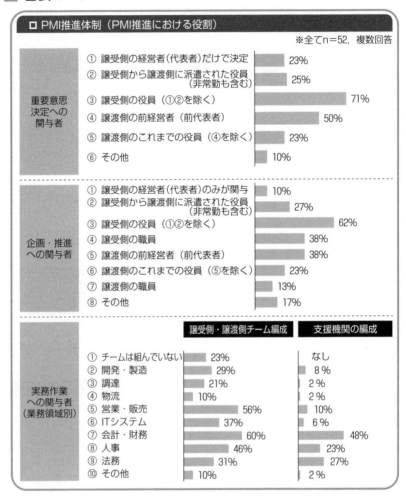

□ PMI推進体制（PMI推進における役割）

※全てn＝52，複数回答

重要意思決定への関与者

① 譲受側の経営者（代表者）だけで決定　23%
② 譲受側から譲渡側に派遣された役員（非常勤も含む）　25%
③ 譲受側の役員（①②を除く）　71%
④ 譲渡側の前経営者（前代表者）　50%
⑤ 譲渡側のこれまでの役員（④を除く）　23%
⑥ その他　10%

企画・推進への関与者

① 譲受側の経営者（代表者）のみが関与　10%
② 譲受側から譲渡側に派遣された役員（非常勤も含む）　27%
③ 譲受側の役員（①②を除く）　62%
④ 譲受側の職員　38%
⑤ 譲渡側の前経営者（前代表者）　38%
⑥ 譲渡側のこれまでの役員（⑤を除く）　23%
⑦ 譲渡側の職員　13%
⑧ その他　17%

実務作業への関与者（業務領域別）

	譲受側・譲渡側チーム編成	支援機関の編成
① チームは組んでいない	23%	なし
② 開発・製造	29%	8%
③ 調達	21%	2%
④ 物流	10%	2%
⑤ 営業・販売	56%	10%
⑥ ITシステム	37%	6%
⑦ 会計・財務	60%	48%
⑧ 人事	46%	23%
⑨ 法務	31%	27%
⑩ その他	10%	2%

　PMIGL：35ページ

2 支援機関

　「支援機関」について、本ガイドラインは以下のとおり定義している。

＜支援機関＞

> 中小M&A又はPMIを支援する機関を指す。具体的には、M&A専門業者（仲介者、FA（フィナンシャル・アドバイザー））、経営コンサルタント、金融機関、商工団体、士業等専門家（公認会計士、税理士、中小企業診断士、弁護士等の資格を有する専門家）、M&Aプラットフォーマーのほか、事業承継・引継ぎ支援センター等の公的機関等をいう。

> 📖 PMIGL：7ページ

　「PMIの取組を円滑に進めるためには、必要に応じて専門的な視点から支援機関の助言・支援を得ることが有効である」とされる。

　「支援機関の役割」について、本ガイドラインは以下のとおり記載している。

　前述のとおり、「中小M&Aガイドライン」は中小企業経営者向けの記載（第1章）と支援機関向けの基本事項（第2章）とに分かれているが、本ガイドラインはそのような区別をせず、以下のように「想定される主な支援機関」を明記することにより、支援機関ごとに特に参照すべき部分を示唆しているといえる。

> 中小企業の多くはM&AやPMIに不慣れであり、M&AやPMIに

関する知見や経験が乏しい。このため、必要に応じて中小M&AやPMIに精通した支援機関に相談しながら取組を進めることが望ましい。

具体的には、**経営力再構築伴走支援モデル**も参考にしながら（コラム01：105ページ参照）、概ね以下のとおり、支援機関による支援が行われることが期待される。

📖 PMIGL：36ページ

▶ 図表4‐7

			想定される主な支援機関
経営統合			中小企業診断士、経営コンサルタント等
業務統合	事業機能		中小企業診断士、経営コンサルタント等
	管理機能	人事・労務分野	社会保険労務士、弁護士等
		会計・財務分野	公認会計士、税理士等
		法務分野	弁護士、司法書士等
		ITシステム分野	ITベンダー、スマートSMEサポーター等

📖 PMIGL：36ページ

　支援機関の中でも特に重要な役割を果たすことが想定されている士業等専門家が、中小企業診断士である。図表4‐7においても、中小企業診断士は「経営統合」と「業務統合」（うち事業機能）について「想定される主な支援機関」として明記されている。中小企業診断士に関しては、「中小M&Aガイドライン」（75ページ）においても、主な役割の1つとしてPMI支援が挙げられている。また、前述のとおり、中小企業庁と一般社団法人中小企業診断協会の共同宣言に基づく事業承継・引継ぎ支援は、主にPMI支援を念頭に置

いたものである。

　ただし、図表4-7において、特に「業務統合」（うち管理機能）については、それ以外の士業等専門家等も明記されており、それぞれの専門性に応じた役割が期待されているといえる。

　なお、「想定される主な支援機関」のみが支援を期待されているというわけではないので、この点は念のため補足する。例えば、弁護士の場合、明記されている「業務統合」（うち「管理機能」の「人事・労務分野」「法務分野」）のほか、明記されていない「経営統合」（うち「グループ経営の仕組みの整備」等）についても支援するということは想定される。

▶ 図表4-8

M&A成立後にPMIプロセスへ円滑に移行するためには、**M&Aプロセスにおける検討事項やDD等の調査結果等の情報をPMI推進チームや支援機関に引き継げるよう、適切に保管・管理しておくことが望ましい。**引継ぎの対象となる情報には、主に下記の項目が想定される。

| 引き継ぎ資料例 | ✓企業概要書（Information Memorandum）
✓DD報告書
✓譲渡側へのQ&Aシート
✓その他の譲渡側からの提供資料 |

📖 PMIGL：36ページ

　引継資料の例として「DD報告書」が挙げられているところ、これについては若干補足する。

　基本的に、M&A成立前にDDを行う支援機関と、当該DDの結果を踏まえてPMI支援を行う支援機関は、可能な限り一致していることが望ましい。さらにもし可能であれば、PMIを見据えたDDまで行えることが望ましい。そうすることで、現状把握を早期に行

うとともに方針・計画の策定・実行へとスムーズに移行しやすくなるためである。

　しかし、DDは限られた時間において、さらには限られた費用のもと、主にM&Aの実行の可否や取引条件の内容を判断するために行われることが通常であり、PMI全般にまで射程範囲を伸ばすことは現実的には難しいケースが多いと思われる。

　この点、契約形態やスコープ等についての検討は別途要するものの、DDを経てM&A成立の見通しが立った時点以後において、譲受側との顧問契約等により継続的な関係を築いている支援機関が、ある程度の時間をかけて（呼称は何であれ）現状把握を支援していくという姿が現実的ではあるように思われる。

　DDは、支援機関がPMIに関与する際の入口という側面があるが、少なくとも現時点では、まだ中小PMIのために最適化された形についての一般的な共通理解というものは形成されていないと思われる。近時はこの点についても議論が活発化してきており、今後も検討が進むことが期待される。

　コラム01の「伴走支援」は、支援機関による継続的な支援の1つのモデルであるといえる。なお、経営力再構築伴走支援を全国で幅広く実施していくための様々な論点を議論するとともに、各機関の連携を促進するため、商工団体、士業団体、金融機関等の中小企業支援機関によって構成される「経営力再構築伴走支援推進協議会」が、令和4年5月31日に設立されている。

Column 01

経営力再構築伴走支援モデル

　「経営力再構築伴走支援モデル」とは、2022年3月に「伴走支援の在り方検討会」（中小企業庁長官の私的検討会）報告書において提示されたもので、経営環境が激変する今の時代においてあるべき中小企業伴走支援の姿を整理したもの。

　経営力再構築伴走支援モデルの基本的なフレームワークは以下のとおり。

【フレームワーク１】課題「設定」のための支援を強化すること

●従来の支援は、政府等の支援ツールを届ける課題「解決」型に力点が置かれてきた傾向があるが、不確実性が高まる時代においては、**「経営力そのもの」が問われる**ため、**何を課題として認識・把握するかという、課題「設定」型の伴走支援の重要性**が増す。

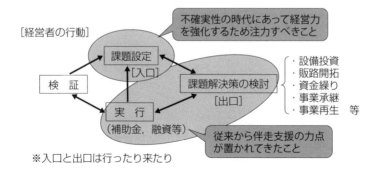

※入口と出口は行ったり来たり

【フレームワーク2】対話を通じて経営者の「腹落ち」を促し、潜在力を引き出し自走化に導くこと

●課題「設定」に際し、**経営者にとっての本質的課題を掘り下げ、経営者自らが「腹落ち」**することが重要。**経営者の内発的動機付け**が得られれば、**経営者自らが課題解決に向かい、自走化**する力が生まれる。

●そのためには、**支援者と経営者との間の信頼関係に基づく対話**が重要。

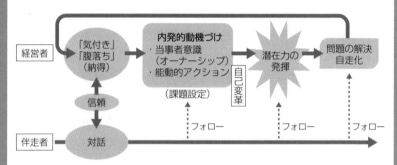

支援受入れの潜在的ニーズが高いと考えられる分野として、「事業承継（M&Aを含む。）」が掲げられており、支援機関が中小企業におけるPMI支援を行う場合に参考にすべきと考えられる。

詳細は、**「中小企業伴走支援モデルの再構築について」**を参照のこと。

(https://www.chusho.meti.go.jp/koukai/kenkyukai/bansou/report/report.pdf)

PMIGL：37ページ

Ⅲ　PMIの取組【基礎編】

1　取組の概要

「基礎編では、事業の円滑な引継ぎに向けた取組」をまとめている。「基礎編の概要」について、本ガイドラインは以下のとおり記載している。

PMIの取組の基礎編では、主にM&A成立後100日～1年程度までの期間に対応する取組をまとめている。

M&A成立前後は、譲受側と譲渡側が一体となってM&Aの目的を実現するための基礎固めの時期である。この時期は、**譲受側と譲渡側の間において相互理解を進め、信頼関係を構築することが最も重要**になる。

また、M&A成立直後は、実際の経営・事業における業務の引継ぎに苦慮する企業も少なくない。M&A検討段階では把握できなかった実務面での問題や課題に対する取組を整理している。

PMIGL：39ページ

以下のとおり、①「経営統合」、②「信頼関係構築」、③「業務統合」という３分類は維持しつつ、各領域の中で小規模案件にも必要と思われる点について「基礎編」でカバーしている。以下の線表は、①ないし③それぞれの対応時期のイメージであり、いずれもM&A成立（クロージング）前から開始していることがわかる。

▶ 図表4－9

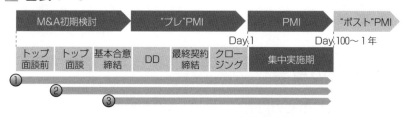

▶ 図表4－10

基礎編の構成			

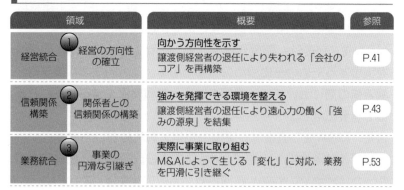

（★PMIGL内のページ）

「基礎編」では、この3領域について、それぞれ、(A)取組のゴール、(B)取組のポイント、(C)具体的な取組という観点から説明している。

▶ 図表4-11

基礎編　小目次

項目	実施時期（※）				参照頁
	初期検討	プレPMI	PMI	ポストPMI	
経営統合					
経営の方向性の確立					P.41
信頼関係の構築					
関係者との信頼関係の構築					
譲渡側経営者への対応					P.43
譲渡側従業員への対応					P.46
キーパーソンへの情報開示					P.47
譲渡側従業員向けの説明会の開催					P.47
譲渡側従業員との個別面談の実施					P.48
即効性のある職場環境の改善					P.48
譲渡側従業員との日頃からの継続的なコミュニケーション					P.48
取引先への対応					P.49
譲渡側の重要な取引先の把握					P.50
主要取引先への対応					P.50
主要な取引先以外への対応					P.51
取引先以外の外部関係者への対応					P.52
業務統合					
事業の円滑な引継ぎ					P.53

（★PMIGL内のページ）

※上記の具体的な取組項目は、一般的に検討すべき事項を例示したものである。また、実施時期は、主に取り組まれる時期を記載しており、情報収集等はプレPMI以前から行うことが望ましい。なお、個社の優先順位等に応じて取組項目、取組時期は異なり得るため、目安として参照いただきたい。

PMIGL：40ページ

なお、図表4-11の小目次を確認すると、「基礎編」では「信頼
関係構築」に相当なウェイトが置かれていることがわかる。また、「実
施時期」は、**1** M&A初期検討、**2** "プレ" PMI及び **3** PMIの3
つの時期が想定されている。

2 領域別PMIの取組

(1) 経営統合（経営の方向性の確立）

　「何のためにM&Aを実行するのか、経営の方向性を言語化して
社内外の関係者に説明する」ことが求められる。
　(A)取組のゴールは、以下の2点である。

---

① M&Aを通じて自らが達成したいことを、経営の方向性（目
　的、目標、行動基準等）として言語化し、説明できるようにす
　る。
② 経営の方向性を伝えることで、社内外の関係者に対して安心
　感を醸成し、信頼関係を構築するための礎とする。

　×失敗例
■経営の方向性を明確に定めていなかった結果、M&A成立後、
　従業員の不安が募り、離職の温床となった。
■譲受側が提示した経営の方向性が、譲渡側のこれまでを否定す
　るような内容となっており、譲渡側の経営者と従業員からの信
　頼を失う結果となった。

　　　　　　　　　　　　　　　　　　PMIGL：41ページ

(B)取組のポイントは、以下の３点である。従前の経営の方向性を変革すること自体は妨げないものの、それにより関係者との間に軋轢が生じることを避けようとする姿勢が見て取れる。特に③における「社内外の関係者に与える影響」への配慮という観点は、後述する「(2)　関係者との信頼関係の構築」とも連続的であるといえる。

① 　M&A後の譲渡側の**新たな経営の方向性**を検討、言語化する。
② 　これまでの経営の方向性を把握し、新たな経営の方向性との差異を特定する。
③ 　**これまでの経営の方向性との差異が社内外の関係者に与える影響をできるだけ緩和**するよう対策を講じ、新たな経営の方向性を説明する。更に必要に応じて、新たな経営の方向性の修正も行う。

📖 PMIGL：41ページ

以上のポイントに関しては、「経営理念を構成する、ミッション、ビジョン、バリュー等を明確化することが望ましいですが、これらの違いをあまり意識せずに大まかな経営の方向性を示すだけでも、事業の継続性を確保する上で有効です」というコメントが付されている。このように、「経営の方向性」という言葉は相当緩やかな意味で用いられているといえる。

(C)以下では、各時期における具体的な取組について説明する。

１　M&A初期検討（トップ面談まで）

● 新たな経営の方向性の検討、言語化
- トップ面談の前に、M&Aを行った後に目指そうとする譲渡側における新たな経営の方向性を検討、言語化し、M&Aに着手するに至った経営戦略との整合を図る。

> 取組例

（小売業を営む譲受側が、飲食業をM&Aした事例）
■ 譲受側経営者は、「若者が都市部に買い物に行ってしまう」、「若者が都市部で就職してしまう」といった同地域の課題を解決するため、スーパーマーケットに、そこで取り扱う地場の食品を使用したメニューを提供するカフェを併設し、若者にも訴求することにより利便性の高いスーパーマーケットを目指すこととした。

（倉庫業を営む譲受側が、運送業をM&Aした事例）
■ 譲受側経営者は、倉庫業と運送業を一体で行うことにより、通関から最終納品までを一気通貫した物流を確立し、顧客への低コストでスピーディな物流サービスの提供を目指すこととした。

📖 PMIGL：42ページ

M&Aの初期検討段階で、経営の方向性の検討を行うことを求めている。非常に重要なプロセスであることの表れである。

2　"プレ"PMI（M&A成立まで）
● 譲渡側の経営者等へのヒアリング等を通じたこれまでの経営の

方向性の把握

- トップ面談前後から、譲渡側の経営者や従業員等へのヒアリング等を通じて、譲渡側のこれまでの経営の方向性を把握し、新たな経営の方向性との差異を理解する。
- 新旧の経営の方向性との差異が大きい場合には、譲渡側経営者との協議を通じて歩み寄るなど、柔軟に対応することも検討する。その上で、新たな経営の方向性を円滑に浸透させるための取組（例．これまでとの差異が生じる理由や背景等を丁寧に説明する、経営の方向性を徐々に変更するなど）に関する計画を策定する。なお、商号の変更等の外形的な変化も、これまでとの差異が大きい場合に含まれ得る。

PMIGL：42ページ

　前述のとおり、従前の経営の方向性を大きく変更すること自体を制限する趣旨ではない。なお、「商号の変更」が例示されているところ、これは関係者に与える心理的影響が大きいことから特に例示されたものと考えられる。

3　PMI（M&A成立後）

●譲渡側の関係者への経営の方向性の説明

- 譲渡側の関係者（譲渡側の経営者、従業員、取引先等）に、譲受側が考える経営の方向性を丁寧に説明する。
- その際、これまでと変わらない点を明示することで譲渡側の従業員等の不安を緩和する。他方で、変更する点がある場合には、これまでの経営の方向性を可能な限り取り入れたり、これまで

の経営の方向性を否定しない形としたりするなど、できる限りの配慮を行う。

- M&A成立後、譲渡側の関係者とのコミュニケーションや、実際に譲渡側の経営を行うこと等を通じ、必要に応じて当初考えていた経営の方向性を見直すことも検討する。

※関係者への伝え方については、「(2) 関係者との信頼関係の構築」も参照のこと。

PMIGL：42ページ

経営の方向性について、自分の頭の中で意思を固めることに留まらず、関係者に十分に説明することの重要性が説かれている。

(2) 関係者との信頼関係の構築

ここでは、関係者を①譲渡側経営者、②譲渡側従業員、③取引先及び④取引先以外の外部関係者の4つに分類して整理している。

① 譲渡側経営者への対応

「譲渡側経営者について、M&A成立後における関係性や、引継ぎにおける役割等を、M&A成立前に明確にする」必要がある。

(A)取組のゴールは、以下の2点である。

① 譲渡側経営者との間で協力関係を構築する。
② （譲渡側経営者が残る場合、）譲渡側経営者の役割や在籍期間等を明確化する。

┌───┐
│ **×失敗例**

■譲受側経営者が、譲渡側又はその事業の過去の取組や業績に対
して、否定的な発言をしたり、否定的な態度を示してしまっ
たりしたことで、譲渡側経営者との関係が悪化し、十分な協力が
得られなかった。

■譲受側経営者が、M&A成立後に譲渡側の既存取引先について
見直しを行う予定であることを譲渡側経営者に伝えていなかっ
たところ、譲渡側経営者にとって思い入れの強い取引先も見直
しの対象に含まれていたために衝突が生じ、M&A後の協力関
係に軋轢を生む結果となった。

■譲渡側経営者について、M&A後の引継ぎのための在籍期間を
事前に定めていなかったため、長期にわたって譲渡側経営者の
影響力が残り、進めようとしていた改革の抵抗勢力となった。
└───┘

📖 PMIGL：43ページ

(B)取組のポイントは、以下の2点である。

┌───┐
│ ① 譲渡側や**譲渡側経営者へ敬意をもって接する**。同時に、譲受
側の考えを譲渡側経営者に率直に伝える。
② （譲渡側経営者が残る場合、）**譲渡側経営者の役割や在籍期間
等についてM&A成立前に概ね合意**しておく。
└───┘

📖 PMIGL：43ページ

(C)以下では、各時期における具体的な取組について説明する。

● **譲渡側経営者とのコミュニケーションを通じた相互理解の深化**

- トップ面談では、譲渡側や譲渡側経営者へ敬意をもって接し、譲渡側経営者と適切なコミュニケーションをとることで相互理解を深め、信頼関係を構築するように努める。

取組例

■ トップ面談前に、譲渡側に関する情報（沿革、経営理念等）や、譲渡側経営者に関する情報（家族構成、趣味等）について可能な範囲で情報収集し、予め十分理解しておく。

■ 譲受側経営者が優位との印象を譲渡側経営者に与えないよう、どちらかの事務所ではなく、中立的な場所で面談を行ったり、面談時の着座位置等に留意したりするなど、相手への敬意を示す。

■ 譲渡側経営者の信頼を得るため、譲渡側経営者のこれまでの経営方針や取組等について傾聴する（＝相手の話に丁寧に耳を傾け、相手に肯定的な関心を寄せ内容の真意をはっきりとさせながら、共通的理解を示すこと）。

■ 譲渡側経営者の考え等を十分に理解した上で、譲受側にとってのM&Aの目的やM&A後に目指す姿等を熱意を持って明確に伝える。

PMIGL：44ページ

　譲渡側経営者とのコミュニケーションは、M&A初期検討の段階から始まっている。ここから時間をかけて譲渡側経営者との信頼関係を構築していくことが必要になる。ただ、この時期はまだ当該

M&Aが成立するか否かが未知数な時期でもある。もしこの段階で譲渡側経営者とのやり取りに大きな違和感を覚えたような場合には、そもそも当該M&Aを断念するという選択肢があることも念頭に置きながら、慎重に検討を進めていく必要がある。様々なコストを払いながら途中で断念することの難しさは承知の上で僭越ながら申し上げるが、M&Aの実行そのものは目的ではなく、（特に譲受側にとっては）経営上の選択肢の1つにすぎない。

2　"プレ"PMI（M&Aの最終契約時）

● **M&A成立後における譲渡側経営者の処遇の明確化**

・ M&Aの最終契約時には、M&A成立後における譲渡側経営者の処遇に関する条件を書面で明確にし、引継ぎ後に譲渡側経営者と処遇について争いにならないようにする。

> **取組例**

（譲渡側経営者がM&A後の経営引継ぎの後に退任する場合）

■経営の引継ぎに必要な期間を予め見積もる。合理的に見積もれない場合には、例えば半年更新の契約として、事後的に柔軟に対応できるようにする。

■譲渡側経営者の処遇（引継ぎ期間における役職・役割、報酬、在籍期間等）について、合意の上で、協力関係の前提として書面（覚書等）に明記する。

（譲渡側経営者が残る場合）

■譲渡側経営者の処遇（役職、報酬、在籍期間等）について、合意の上で書面（覚書等）に明記する。

PMIGL：44ページ

譲渡側経営者の処遇については、最終契約書そのものでなく別途覚書等を交わして定めるケースも多いと思われるが、形式はともかく、書面として形に残しておくことが重要である。処遇を明確化せずにずるずると時が経過してしまうと、後で書面化しようという機運が生じにくくなり、そのまま処遇に関するトラブルが生じる土壌となってしまう。譲受側・譲渡側の信頼関係が保たれており、切りのいい時期に書面化しておくことが必要である。

---

③　PMI（M&A成立後）

●譲渡側経営者との継続的なコミュニケーションを通じた信頼関係の深化等

・M&A成立後においても、譲渡側経営者とコミュニケーションを継続的にとり、信頼関係の深化と情報把握に努める。

> **取組例**

■譲受側経営者は、譲渡側経営者の後継者としてこれまでの路線を踏襲・深化・発展させて行くことを表明するなど、譲渡側の経営者や従業員のこれまでの努力や感情を損なわない形でのコミュニケーションを心掛ける。

■譲渡側の経営者と従業員の関係について、人物相関図を作成するなどして、今後問題となりそうな関係を把握しておく。

■譲渡側経営者との定期的なコミュニケーションを継続し、信頼関係を深めるとともに、合意した役割が守られているかを確認する。

PMIGL：45ページ

譲渡側経営者との付き合い方はずっと同じとは限らず、時間の経過に応じて変わることが通常である。譲受側が思っている以上に関与を強めようとしてきたときには警戒すべきケースもあるが、反対に、譲渡側経営者の求心力の低下とともに事業へのコミットも弱まってきたときには、例えば努めて譲渡側経営者を「立てる」ようにするなどの工夫を要することもある。この点はあまり踏み込んで記載するような内容ではなかったと思われるが、事業を円滑に引き継いでいく上で重要な視点かと思われる。

Point　譲渡側経営者が残る場合の役員退職金の取扱い

譲渡側経営者に顧問等としてこれまでどおりの勤務形態・報酬でサポートしてもらう場合、M&A成立時に譲渡側経営者に役員退職金（退職慰労金）を支給してしまうと、税務上退任の事実が認められず、役員退職金の損金性が否認されるおそれがある。そのため、譲渡側経営者に顧問として関与してもらう場合は、待遇（勤務形態含む）のみならず、役員退職金の支給時期も慎重に検討することが必要となるため、適宜税理士等に相談する。

📖　PMIGL：45ページ

　なお、役員退職金（退職慰労金）に関しては、法人税基本通達9-2-32（役員の分掌変更等の場合の退職給与）等も適宜参照されたい。

②　譲渡側従業員への対応

「M&Aの事実に対して譲渡側従業員が抱く不安や不信感を払拭

し、納得感や共感を得て協力を得られる関係性を構築する」必要がある。

(A)取組のゴールは、以下の2点である。

---

① M&Aによる変化に起因する自身への影響等について、譲渡側従業員が抱く不安や不信感を払拭する。

② M&Aについて譲渡側従業員の納得感や共感を得て、譲渡側従業員の協力を得る。

×失敗例

■譲渡側従業員への説明前に、譲渡側従業員にM&Aに関する噂が広まり、多くの譲渡側従業員が、会社の将来、自身の処遇や雇用、日常業務等がM&Aによって大きく変化すると考えて不安感を募らせ、離職した。

■多くの譲渡側従業員が、M&Aの目的やメリット等を理解できず、M&Aに伴う従来業務の変更による負担増や不便さ等だけを感じ、モチベーションを低下させて作業効率が低下した。

■M&A直後から譲受側の「当たり前」を譲渡側に次々に導入した結果、譲渡側従業員から協力を得られず、事業の成長はおろか、今までの事業の運営すらも困難となった。

PMIGL：46ページ

(B)取組のポイントは、以下の4点である。

---

① M&Aに関する情報（M&Aの目的や経緯、譲受側に関する

情報等）を、「**遅滞なく**」、「**全ての譲渡側従業員に対して**」、「**同時に／等しく／正確に**」伝える。

② 　ただし、譲渡側従業員の中でも特に業務や他の従業員への影響力を大きく持つ人材（以下「**キーパーソン**」という。）に対しては、他の従業員に先行してM&Aに関する情報を伝え、M&Aプロセス全般にわたって意見を聞くなど、密にコミュニケーションをとり協力を得られるよう合意しておく。

③ 　一人一人の譲渡側従業員が感じている不安や不信感をできるだけ具体的に把握する。その上で、譲渡側従業員の個々の不安や不信感を払拭し、更に納得感や共感を得られるよう、丁寧な説明を行う。

④ 　譲渡側の業務等について変更や改善が必要になる場合においても、**譲渡側従業員の従来の業務やそのやり方を否定せず、相手を尊重**する。

📖 PMIGL：46ページ

　従業員は特にM&Aにより不安や不信感を生じやすい立場にあるため、丁寧なケアが必要となる。

（C)以下では、各時期における具体的な取組について説明する。

2 "プレ"PMI（M&Aの基本合意後）
●キーパーソンへの情報開示、協力要請
・M&Aの基本合意後に、キーパーソンを対象に、一人ずつ個別に丁寧な説明により情報開示を行い、協力を要請することで、M&A後にPMIの取組を円滑に行う素地を作る。

- ただし、情報流出リスクに十分注意し、必要に応じて、秘密を保持する旨を誓約する書面の取得等を行う。

取組例

■キーパーソンに対して、以下の事項を説明する。
- ✓M&Aに至った背景や目的
- ✓これからの経営の方向性（変わること、変わらないこと等）
- ✓個別に事前の情報開示をする理由（キーパーソンの協力がM&Aの成功のために必要不可欠となる等）
- ✓情報開示している対象範囲（情報を秘匿すべき旨も併せて）
- ✓当該キーパーソンの不安や疑問等への回答

📖 PMIGL：47ページ

　いわゆるキーパーソンに対しては、事前にコミュニケーションを取っておく必要がある。事業の運営にも直結することから、まずはここでの信頼関係構築が重要となる。M&A成立後における他の従業員とのコミュニケーションに関して協力してもらうこともあり得る。

3 **PMI（M&A成立後）**
● **譲渡側従業員向けの説明会の開催**
- 譲渡側経営者とともに、M&A成立後遅滞なく（例．Day.1）、全従業員に対して、同時に／等しく／正確に伝える場として、譲渡側従業員向けの説明会を開催し、譲渡側従業員の不安や混乱の防止を図る。

■譲渡側経営者と譲受側経営者が同席して各々が説明を行う。主に、譲渡側経営者がこれまでのこと（M&Aに至った経緯や従業員に対する感謝等）を、譲受側経営者がこれからのこと（経営の方向性や従業員の処遇等）を説明する。

■例えば、以下の事項を説明する。

✓譲受側についての基本情報（業種・主要商材・主な業績・従業員数等）

✓M&Aの目的、将来ありたい姿（想定されるメリット・シナジー効果等）

✓労働条件等（給与体系（退職金を含む）や勤務体系（就業規則を含む）、福利厚生面等。特に従前から変更点がある場合は当該変更点）

✓今後の代表者（代表者交代があっても、譲渡側経営者が顧問等で残ることを伝えると従業員の安心感の醸成につながることもある）

✓今後の業務（直近で計画されるPMIに関する取組内容や協力依頼）

✓今後の勤務場所

✓今後の商号

PMIGL：47ページ

　このような説明会は、質疑応答の時間を設けても何も質問が出ないことも多く、ただ一方的に話して終わるだけのケースも多い。それでも、別途個別に質問や相談（時にはクレーム）をしやすいような雰囲気づくりは心掛けておく必要がある。従業員からの声が何も

入ってこない場合、従業員が不安や不信感、そして不満を解消できないまま突然退職するような事態が多発することもある。

3　PMI（M&A成立後）

● **譲渡側従業員との個別面談の実施**

・ 譲渡側従業員と一対一で個別面談を実施し、譲渡側従業員一人一人の理解度に応じて説明会での説明を補完するとともに、一人一人の不安や思い等に耳を傾け寄り添った説明を行い、譲渡側従業員の不安や混乱の防止を図る。

> 取組例

■譲渡側従業員に対して、以下の事項について対話する。
　✓ 説明会で話した事項（一対一で改めて伝えることで、より理解を促す）
　✓ 従業員個人の位置づけ（雇用継続、役割・ポジション）
　✓ 労働条件等
　✓ 今後の業務
　✓ 不明点の解消（説明会での説明内容に対する不明点の有無、不明点に対する補足説明）
　✓ 従業員の思いの把握（M&Aの事実を聞いてどのような思いか、どのように会社側がその思いに寄り添うことができるか）

PMIGL：48ページ

個別面談に関しても、説明会と同様、譲受側からの情報提供だけでなく、譲渡側従業員の声を聴くということの意義が大きい。案件の規模感によっては、あまり1人当たりの時間を多く確保できな

かったり、早期に全員との面談ができなかったりするケースもあるかもしれないが、可能な限り個別面談も行えることが望ましい。

---

3 PMI（M&A成立後）

● 即効性のある就労環境の改善

- Day.100以内を目途に、**クイック・ヒット**として即効性のある就労環境改善策を可能な範囲で実行し、譲渡側従業員にM&Aによる具体的なメリットを実感してもらう。

取組例

■ 譲渡側従業員に対してアンケートや個別面談等を実施して、従業員が普段不便に思っていることや改善してほしいことを把握する。

■ 施策の実現性やコスト、想定される効果等の観点から、実施する具体的な施策を選定する。

■ 譲渡側従業員からの希望を踏まえて、例えば以下のような取組を実施する。

　✓ 賃金引上げ等の処遇改善を行う

　✓ 旧式のオフィス機器を高機能のものに入れ替える

　✓ PC等のデバイスを一人1台支給する

　✓ 古くなっている従業員の制服・作業服を新調する

　✓ 従業員一人一人にメールアドレスを付与する

　✓ 従業員が使用するトイレを改修する

　✓ 社長賞等、従業員を表彰する制度を導入する

PMIGL：48ページ

譲渡側従業員の立場からすると、自分が所属する企業（譲渡側）を対象とするM&Aが自分にとって有利なことなのか、それとも不利なことなのかという判断を、早急に行いたくなるものである。そのため、クイック・ヒットとして早期にM&Aのメリットを実感してもらうことの意義は大きい。ここで取り上げている取組例はいずれも具体的なものであり、例えば「従業員が使用するトイレを改修すること」まで明記されている。トイレに限らず、従業員の立場を想像し、従業員にとって身近なところから改善していくという姿勢は、従業員との信頼関係構築にとって重要なことと思われる。

3　PMI（M&A成立後）

●譲渡側従業員との日頃からの継続的なコミュニケーション

・日頃から継続的にコミュニケーションをとり、強固な信頼関係の醸成を図る。

> **取組例**

■従業員への日常の挨拶や声掛けを積極的に行う

■現場に頻繁に足を運び、直接コミュニケーションをとる機会を作る

■仕事以外の雑談の機会を意図的に増やす

■従業員との懇親会・交流会（譲受側・譲渡側双方の従業員が参加することが効果的なこともある）

■従業員からの改善提案メールやチャット等を歓迎する

PMIGL：48ページ

譲受側・譲渡側双方の従業員が参加する懇親会・交流会が実施されるケースは、相当数みられるようである。ただし、実質的に一部の従業員のみが参加可能な会合、例えば、アルコールを前提とする夜分の懇親会・交流会のみを何度か実施すると、それに参加することが難しい譲渡側従業員（例えば育児中の者等）が疎外感を覚え逆効果に働くケースもあるため、可能であればアルコールを前提としない昼間の懇親会・交流会等の実施も並行して検討することが望ましいと思われる。もっとも、このような配慮の重要性は、中小PMIに限らないものかもしれない。

③　取引先への対応

　「譲渡側の取引先との関係性を継続するため、M&Aの事実を伝える時期や方法等について慎重に検討を行った上で意思疎通する」必要がある。

　(A)取組のゴールは、以下の2点である。

---

　①　譲渡側が行っている取引（特に事業継続に重要な取引）について、取引先の信頼を得て取引を継続する。
　②　継続する取引について、取引条件等を正確に把握する。

　×失敗例

■主要取引先に対してM&A成立前の事前説明や相談を怠ったことにより、複数の主要取引先の不信感を招き、取引を縮小されたり、取引を停止されたりした。

■譲渡側経営者が譲渡側を経営しているからこそ取引してもらっていた取引先について、M&A成立後に少しずつ疎遠になり、

半年後取引を停止された。

■取引先別の損益で赤字となっている取引先について、その取引条件を改善しようとしたが、過去の交渉状況や口頭での約束等、これまでの経緯を譲渡側経営者から聞いていなかったため、交渉が難航した。

📖 PMIGL：49ページ

(B)取組のポイントは、以下の３点である。取引先に優先順位を付して動く必要がある。

①　譲渡側が行っている取引について、譲渡側経営者から正確に引き継ぐ。

②　譲渡側の取引先へのM&Aに関する説明や挨拶は、秘密保持等には留意しつつ、**取引先の重要度や関係性等に応じて速やかに行う。**

③　特に主要取引先の引継ぎにおいては、取引条件や取引経緯等の把握のため、**主要取引先と最も強い関係性を持つ譲渡側の人物（例．譲渡側経営者）からの協力**を得る。

📖 PMIGL：49ページ

(C)以下では、各時期における具体的な取組について説明する。

② "プレ" PMI（M&A成立まで）
● 譲渡側の重要な取引先の把握

- 譲渡側経営者へヒアリング等を行い、事業継続に重要な取引先を把握する。
- 企業概要書等、譲渡側についての具体的な情報が記載された資料を確認し、売上が特定の取引先に対して集中しているような場合には、トップ面談時から確認する。
- また、チェンジ・オブ・コントロール（COC）条項（※Point「チェンジ・オブ・コントロール（COC）条項とは」：133ページを参照）の有無や内容を確認する。

取組例

■取引先については、譲渡側経営者へのヒアリングの他、会計データ（法人税確定申告書や決算報告書に添付されている勘定科目内訳明細書等）や契約書等から把握する。

PMIGL：50ページ

　基本的に取引先への報告を行うのはM&A成立後であるが、まずは事前に主要取引先を把握しておくことが重要である。ただし、後述のとおり、M&A成立前に報告を行うケースもある。

3　PMI（M&A成立後）

●**主要な取引先への対応（M&Aに関する説明、継続的なコミュニケーション等）**
- M&A成立直後に、譲渡側経営者とともに、譲渡側の主要取引先を訪問し、M&Aの目的や経緯、譲受側に関する情報等を説明することで、**信頼関係の構築**を図る。

- ただし、M&Aにより**主要な取引先との継続取引が解消されてM&A後の事業継続に影響を与える可能性がある場合**は、譲渡側経営者とよく相談した上で、必要に応じてM&A成立前（基本合意後～クロージング前）に訪問、説明を行う。
- 明文化されている取引内容や条件等だけでなく、その背景や経緯、暗黙の取決め等を含めて関係者へのヒアリング等を通じて把握する。その際、主要取引先と最も強い関係性を持つ譲渡側の人物（例．譲渡側経営者）からの協力を得る。
- M&A成立直後だけでなく、継続的に緊密なコミュニケーションをとることで、取引先との信頼関係の構築を図り、これまでの取引関係の予期せぬ変化を回避する。

取組例

■主要取引先への事前説明の実施方法（時期、訪問者、説明内容等）について、譲渡側経営者と協議し、訪問計画を立てる。特にM&A成立前に訪問する場合には、情報流出リスクや信用不安を招くおそれがあるため、訪問の時期等は譲渡側経営者とよく相談する。

■取引先への説明は、主要取引先と最も強い関係性を持つ譲渡側の人物（例．譲渡側経営者等）が行う。

■主要取引先に対して、以下の事項を説明する。その際、既に確定している事項と、今後検討する事項とを明確に区別して説明する。
　✓M&Aを検討している背景、目的
　✓現在の検討状況、今後の想定スケジュール
　✓M&A実施後に想定する取引への影響（影響がない旨を説明）
　✓取引先への協力依頼

PMIGL：50ページ

　以上のとおり、特に重要な取引先に対しては、M&A成立前に報告を行うケースもある。ただし、このようなケースはあくまで例外的であり、基本的にはM&A成立後に報告するのが原則である。取引先からの情報流出は散見されるところであるため、情報の取扱いには注意を要するケースもある。

3　PMI（M&A成立後）

● **主要な取引先以外への対応（M&Aに関する説明、継続的なコミュニケーション）**

・主要な取引先以外に対しても、M&A成立後速やかに挨拶文を送付するなどして、取引先の不安や混乱の防止を図る。

取組例

■主要な取引先以外への挨拶の実施方法（時期、手段（例．電話、文書、訪問等）、説明内容等）について、譲渡側経営者に相談して決定する。

■M&Aについて主要な取引先以外に対して第三者からの噂として耳に入らないよう、M&A成立後遅滞なく、全取引先に対して以下の事項を記載した挨拶文を送付する。

　✓挨拶
　✓M&A成立日
　✓譲受側の基本情報

✓ 譲受側・譲渡側の問い合わせ先

✓ 新役員体制

- M&A成立直後だけでなく、継続的に緊密なコミュニケーションをとることで、取引先との信頼関係の構築を図り、これまでの取引関係の予期せぬ変化を回避する。

 PMIGL：51ページ

　全取引先に対する挨拶文の内容や送付先リストは、M&A成立と並行して事前に準備を始めておく。

3 PMI（M&A成立後）

- なお、不利な取引条件となっている取引先があったとしても、直ちに是正を依頼すると、取引先と関係が悪化するおそれがある。価格交渉の必要な場合は、適宜**「中小企業・小規模事業者のための価格交渉ノウハウ・ハンドブック」**（中小企業庁）を参照して、対応を検討する。

参 考

✓ 中小企業庁「中小企業・小規模事業者のための価格交渉ノウハウ・ハンドブック」
（https://www.chusho.meti.go.jp/keiei/torihiki/2016/160610support2.pdf）

PMIGL：51ページ

「中小企業・小規模事業者のための価格交渉ノウハウ・ハンドブック」は、価格交渉の際のポイントが記載されているため、支援機関にとっても参考になる。

▶ **Point** チェンジ・オブ・コントロール（COC）条項とは

チェンジ・オブ・コントロール（COC：Change Of Control）条項とは、ある企業が締結している契約（例えば、賃貸借契約、取引基本契約、フランチャイズ契約等）について、当該企業の株主の異動や支配権の変動等により当該契約の相手方当事者に解除権が発生すること等を定める条項をいう。

📖 PMIGL：51ページ

　このCOC条項については、「業務統合」の「法務分野」（PMIGL：116ページ）にも取組例が記載されている。

④　取引先以外の外部関係者への対応

　ここでは(A)取組のゴール及び(B)取組のポイントの記載は省略されている。

　(C)具体的な取組は、以下のとおりである。

譲渡側には、取引先以外にも、地域における長年の事業活動を通じて関係を築いてきた幅広い外部関係者が存在することを理解する。

[外部関係者の例]
✓協力業者（外注先、人材派遣会社等）
✓金融機関（民間、公的機関）
✓（事業用不動産が賃借の場合）賃貸人
✓各種組合や業界団体
✓許認可等の所管官庁

事業を継続する上で特に関係性の維持・継続が必要な先について、譲渡側の経営者や従業員へのヒアリング等を通じて把握する。

外部関係者に対しては、個別の関係性等を踏まえて適切な対応を行う。対応に当たっては、譲渡側の経営者や従業員に相談し、関係構築への協力を得るとともに、必要に応じて支援機関に相談する。

PMIGL：52ページ

　これらは、各譲渡側に応じて状況が異なる。例えば、業績不振・過剰債務等のために金融債務の返済猶予を受けているような再生企業であれば、金融機関との調整は重要な課題となる。他方で、規制業種であり許認可等が事業にとって不可欠な場合には、当該許認可等の所管官庁との調整も重要性を増してくる。どの外部関係者への対応を優先すべきかは、その都度、判断を要することになる。

(3)　業務統合（事業の円滑な引継ぎ）

　「まずはM&A成立後の事業の円滑な引継ぎに向けた課題に対応する」必要がある。

　(A)取組のゴールは、以下の点である。

引き継いだ事業を安定的に運営するとともに、改善すべき点を改善する。

×失敗例

■営業や生産等に関する意思決定の全てについて、譲渡側経営者の承認が必要であったところ、譲渡側経営者が退任した後に現場での判断ができずに業務が停滞してしまった。

■資金管理業務を一手に担っていた譲渡側経営者の配偶者がM&A成立後に退職してしまったため、取引先に対して、重要な支払が滞留して、多大な迷惑をかけてしまった。

■M&A成立後に譲渡側が事業を行う上で必要な許認可の要件を満たしていないことが判明し、事業の継続そのものが困難となった。

■譲渡側従業員が日常的にどのような業務を行っていたか、誰がどのような取引先の対応をしていたかを十分に把握していなかったところ、一部の従業員の退職に伴い、重要な技術・ノウハウや取引先を喪失した。

 PMIGL：53ページ

(B)取組のポイントは、以下の２点である。

---

① できるだけ広範かつ詳細に譲渡側の業務運営について現状を把握する。その際、以下の点に留意する。

　　１．M&A成立前の**DD**では**検知できないことがある**こと

　　２．**譲渡側の経営者や一部の従業員のみに属人化している業**

務があること。

　　その場合は、当該経営者や従業員へのヒアリング等を通じて現状を把握せざるを得ないが、当該経営者や従業員は取決め等についての記憶が曖昧であることや、更に不利な取引等を行っていたことが発覚すること等をおそれて意図的に引継ぎを行わないことがあること

　　３．業務に関する**規程や帳票等が存在しない**ことや、**存在していても実態と乖離している**ことがあること

② 改善すべき点について、優先順位を付けて順次対応する。このうち、特に重要なもの（法的リスク、事業停止リスクが高いもの）については、譲渡側経営者や支援機関の協力を得て速やかに対応する。

📖 PMIGL：53ページ

(C)以下では、各時期における具体的な取組について説明する。

---

2 **"プレ"PMI（DD実施時等）**

●**DD等を通じた事業の現状把握等**

・DD等を通じて、可能な限り譲渡側の事業の現状を把握するとともに、M&A成立後に改善すべき点を明確にする。

　　取組例

■譲渡側経営者がこれまでどのような役割を担っていたかを確認する。

■工場や店舗等を訪問し、オペレーションを直接確認する。ただ

し、M&Aのための視察であると悟られないように注意。

PMIGL：54ページ

　まずはDD等により現状把握を行うことが先決である。なお、本ガイドラインの記載上はその後のM&A成立を前提としているが、当然のことながら、実際には、DD等の結果次第ではM&A自体を中止することもあり得る。

3　PMI（M&A成立後）

●**譲渡側経営者へのヒアリング等を通じた事業の詳細把握、改善**

- 譲渡側の経営者や従業員へのヒアリングやコミュニケーション等を通じて、より広範かつ詳細に譲渡側の事業の現状を把握するとともに、優先順位の高いものから順次改善に取り組む。
- ヒアリング等に当たっては、以下の点に留意する。
　① M&A成立前のDDでは検知できないことがあること
　② 譲渡側の経営者や一部の従業員のみに属人化している業務があること
　③ 業務に関する規程や帳票等が存在しないことや、実態と乖離していることがあること
- 特に重要なもの（法的リスク、事業停止リスクが高いもの）については、譲渡側経営者や支援機関の協力を得て速やかに対応する。

取組例

■業務日報の確認や、業務を担当する従業員にヒアリングするこ

と等を通じて、各従業員の担当業務・取引先・課題等を把握する。

■譲受側の経営者や従業員が譲渡側に訪問し、現場で一緒に業務を遂行するなどして、業務の手順等を確認する。

■必要に応じて、譲受側・譲渡側の顧問税理士を含む支援機関の協力を得た上で、把握した課題等に対応する。

📖 PMIGL：54ページ

DDは重要であるが、時間や予算の制約があることが通常であり、すべての情報を調査できているわけではないので、M&A成立後においても現状把握は引き続き行う必要がある。

➤ Step up

◇事業の改善の取組については、【発展編】を参照されたい。

◇本ガイドラインでは、譲渡側の事業を継続・発展させるための取組を中心に記載しているが、譲渡側の事業の改善等を通じて、譲受側における事業の改善点等に気づくこともある。このため、譲受側の事業の見直しも併せて検討することが望ましい。

📖 PMIGL：54ページ

【基礎編】における「事業の円滑な引継ぎ」は「業務統合」のうちの一部の基本的事項を切り出した部分となる。特に支援機関は【発展編】も参照されたい。

Ⅳ　PMIの取組【発展編】

1　取組の概要

「発展編では、M&A成立後の事業の円滑な引継ぎだけでなく、M&Aの目的やシナジー効果等を実現するために行う取組」をまとめている。

発展編の概要は以下のとおりである。

発展編では、主にM&A成立後の事業の円滑な引継ぎだけでなく、M&Aの目的や期待するシナジー効果等を実現するために行う取組をまとめている。M&Aを契機として譲受側・譲渡側が一体となって成長するために、経営・事業における各機能をいかに統合するかを検討していく。

初期の集中実施期で新たに発生する課題へ対応しつつ、期待するシナジー効果等を実現するための取組を並行して進めていくことになるため、限られたリソースで求める成果の実現に向けて、どの取組を、どの順番で実行していくかを判断をしながら進めていく。

PMIGL：56ページ

▶ 図表4 -12

また、発展編の構成は図表4 -13のとおりである。

▶ 図表4 -13

| 発展編の構成 |

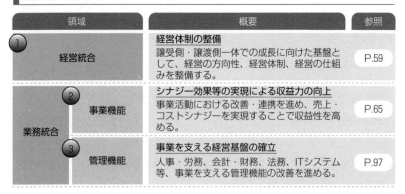

（★PMIGL内のページ）

　【発展編】では、「経営統合」「業務統合」の2領域のみを取り扱う。しかし、それは、中規模・大規模案件において、「信頼関係構築」が不要であることを意味しない。「信頼関係構築」は案件の規模感にかかわらずきわめて重要であるところ、本ガイドラインでは【基

礎編】においてまとめて解説しており、中規模・大規模案件においても適用しているという建付けである。中規模・大規模案件においても、「信頼関係構築」には引き続き留意しながらPMIに取り組む必要がある。

 ## 成長型M&Aにおける戦略

本ガイドラインは、「成長型M&Aでは、まず自社の成長の方向性を検討し、その実現に向けて有効なM&A戦略を選択することになる。成長の方向性の検討においては、一般的な製品・市場マトリクス（アンゾフのマトリクス）のフレームワークに、垂直統合を加えた5つの選択肢が考えられる」と記載している。

なお、【発展編】ではこのように「成長型M&A」を前面に押し出しているが、【基礎編】の主な対象である小規模案件において、まったく「成長」を目指さないというわけではない。あくまで【発展編】の主な対象である中規模・大規模案件のほうが「成長」を志向する傾向が強いことから、【発展編】においてこのような記載がなされているものと思われる。

▶ 図表4 -14

成長の方向性（製品・市場マトリクス）

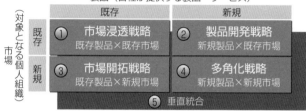

出典：デービッド・アーカー著、今枝昌宏訳『戦略立案ハンドブック』（東洋経済新報社、2002年）を基に作成

PMIGL：57ページ

▶ 図表4 -15

M&Aの目的と戦略

上記の製品・市場マトリクスをベースに検討した成長の方向性に基づき、自社が目指すM&A戦略を具体化する。

成長の方向性	M&Aの目的	M&Aの戦略の例
① 市場浸透	既存製品・既存市場におけるシェアを拡大する	・競合企業の買収
② 製品開発	既存製品とは違う製品を既存の市場に向けて販売する	・異なる製品群を扱う同業者の買収 ・ブランド獲得を目的とした買収 ・技術や特許等の取得を目的とした買収
③ 市場開拓	既存製品を新たな市場に向けて販売する	・自社が参入できていない地域や顧客セグメントの販路を持つ企業の買収
④ 多角化型	既存事業と同様の分野で新製品開発と新市場開拓を同時に行い多角化を図る	・自社と異なる事業分野の製品や市場を持つ企業の買収
⑤ 垂直統合	サプライチェーンの川上や川下に向かって事業を拡大する	・仕入先や販売先の買収

出典：木俣貴光著、『企業買収の実務プロセス』第3版（中央経済社、2021年）を基に作成

PMIGL：57ページ

以上の記載の内容については出典元の整理に従うが、このように一定の類型化を行うことにより、M&Aの戦略を立案する際の手助けになるものと思われる。本ガイドラインは、こういった「成長の方向性」ごとに章立てを明確に仕切っているわけではないが、これらの「成長の方向性」ごとの特徴も踏まえて具体化したものとして、随所に取組事例を設けている。

　なお、第3回小委員会資料1「事務局説明資料」（8ページ）によれば、当初は「成長志向」を「水平統合」と「垂直統合」に2分して検討していた様子が窺われるが、「成長志向の中で分類されている水平統合と垂直統合のいずれにも該当しない、例えば、多角化やイノベーションを目的としてM&Aを行う企業も存在する」という指摘がなされていた（同小委員会議事概要1ページ）。

　図表4-16は、「発展編」の小目次である。また、「実施時期」は、**1**M&A初期検討、**2**"プレ"PMI、**3**PMI及び**4**"ポスト"PMIの4つの時期が想定されている。

▶ 図表4-16

発展編　小目次

項目			実施時期（※）				参照頁
			初期検討	プレPMI	PMI	ポストPMI	
経営統合							
	経営の方向性の確立						P.60
	経営体制の確立						P.63
	グループ経営の仕組みの整備						P.64
業務統合							
	事業機能						P.65
		経営資源の相互活用による売上シナジー					P.72
		クロスセル					P.72
		販売チャネルの拡大					P.74
		経営資源の組合せによる売上シナジー					P.76
		製品・サービスの高付加価値化					P.76
		新製品・サービスの開発					P.78
		改善による売上原価シナジー					P.79
		生産現場の改善					P.79
		サプライヤーの見直し					P.82
		在庫管理方法の見直し					P.83
		経営資源の共通化・統廃合による売上原価シナジー					P.85
		共同調達					P.85
		生産体制の見直し					P.87
		改善による販管費シナジー					P.89
		広告宣伝・販促活動の見直し					P.89
		間接業務の見直し					P.91
		経営資源の共通化・統廃合による販管費シナジー					P.93
		共同配送					P.93
		管理機能の集約					P.94
		販売拠点の統廃合					P.95
	管理機能						P.97
		人事・労務分野					P.100
		人事・労務関係の法令遵守等					P.101
		人事・労務関係の内部規程類等の整備状況やその内容の適正性					P.102
		従業員との個別の労働関係等の適正性					P.103
		人材配置の最適化					P.104
		会計・財務分野					P.106
		会計・財務関係の処理の適正性					P.107
		譲渡側・譲受側間の会計・財務手続の連携					P.108
		業績等の管理					P.109
		金融費用の削減					P.110
		法務分野					P.111
		法令遵守等					P.112
		会社組織等に関する内部規程類等の整備状況やその内容の適正性					P.115
		契約関係を含む外部関係者との関係の適正性					P.116
		ITシステム分野					P.119
		ITシステムに関するリスクへの対応					P.121

（★PMIGL内のページ）

※上記の具体的な取組項目は、一般的に検討すべき事項を例示したものである。また、実施時期は、主に取り組まれる時期を記載しており、情報収集等はプレPMI以前から行うことが望ましい。なお、個社の優先順位等に応じて取組項目、取組時期は異なり得るため、目安として参照いただきたい。

PMIGL：58ページ

【発展編】では、「経営統合」「業務統合」の各領域について、そ
れぞれ、(A)取組のゴール、(B)取組のポイント、(C)具体的な取組とい
う観点から説明している。

(1) 経営統合

「譲受側・譲渡側一体となった経営に向け、経営の方向性、経営
体制、経営の仕組みを確立する」必要がある。

(A)取組のゴールは、以下の３点である。

---

① 譲受側・譲渡側の将来の指針となる経営の方向性を確立し、
社内外の関係者の理解と共感を得ることで実現に向けた推進力
を得る。
② M&A後の譲渡側における経営・事業を適切に運営するため
の新たな経営体制を早期に確立する。
③ 譲受側・譲渡側が共同体として共に成長するための経営の仕
組みを整備する。

×失敗例

■長期にわたるPMIプロセスにおいて、譲渡側の従業員に対し
て経営の方向性を示さなかったため、譲渡側の従業員の将来不
安やモチベーション低下等によるサボタージュや離職を招い
た。
■M&A成立後、譲渡側の経営を派遣した役員一人に任せたまま

放置してしまったため、譲渡側での経営が安定せず、譲渡側の役員や従業員の心が離れてしまった。

📖 PMIGL：59ページ

(B)取組のポイントは、以下の3点である。

① M&A後に譲渡側経営者の退任によって失われる「経営の軸」としての経営の方向性を確立し、社内外の関係者に対して適切に説明することで協力を得られるような環境を作る。
② 譲受側・譲渡側が一体となって経営に取り組むための経営体制や関係性の構築を早期に進める。
③ M&Aを契機として、ワンマン経営から組織経営へ転換するため、これまで属人的に行われることが多かった経営の可視化、意思決定の在り方、コミュニケーションの在り方等を見直す。

📖 PMIGL：59ページ

本ガイドラインでは明記されていないものの、特に取組のゴール③に関しては、グループ・ガバナンスの整備に関する取組も含まれているものと整理して差し支えないものと思われる。この点については、(C)具体的な取組のうち「③ グループ経営の仕組みの整備」についても参照されたい。

(C)具体的な取組は、大きく分けて以下の3種類である。

① 経営の方向性の確立

　ここでは、改めて、経営の方向性の確立に関する取組を取り扱っている。

目的・意義

M&Aによって目指す姿や経営目標を示すとともに、その実現に向けた道筋を具体化することにより、M&Aの目的やシナジー効果等の実現可能性を向上させるとともに、従業員のモチベーションの維持・向上を図る。

取組の内容

経営の方向性を具体化するため、企業の根本的な価値観である「**経営理念**」と、自社の将来像である「**経営ビジョン**」を示しながら、実現に向けた道筋として「**経営戦略**」「**経営目標**」「**事業計画**」に落とし込んでいくことにチャレンジしていただきたい。その際、支援機関の協力を得ることも有効である。

おおよその経営の方向性は、まずM&Aプロセスの初期に検討し、譲渡側の経営者等へのヒアリング等を通じて修正した上で、M&A成立直後に譲渡側従業員等に示すことになる。

しかしながら、この時点での経営の方向性は、譲受側における仮説と言える。M&A成立後のPMIプロセスにおける取組を通じて把握した譲渡側の経営状況を踏まえ、より実態に即した形で経営の方向性をブラッシュアップし、具体化していくことが望ましい。

経営理念	経営者の哲学や信念に基づき、企業の根本となる活動方針を明文化する
経営ビジョン	自社の目指す将来の具体的な姿を定め、従業員や顧客、社会に対して表す
経営戦略・経営目標・事業計画	経営ビジョンを達成するための戦略に基づき経営目標を設定し、実現に向けた具体的な取組を定める

 取り組む上でのポイント

譲渡側の新たな経営幹部や管理職等、現場との対話を通じて作成することが有効である。

関係者を巻き込んで作成することで理解、共感を醸成し、相互理解が進む効果も期待できる。

 PMIGL：60ページ

【経営理念等の例】

A社（製造業）

経営理念：中小企業経営の近代化を通した100年企業創り。

経営ビジョン：

①事業承継プラットフォームの構築

②経営の近代化の推進

③プロ経営者の継続的育成

B社（製造業）

経営理念：ものづくりの力で世界を幸せに。

経営ビジョン：日本の中小製造業にイノベーションをもたらし、グローバルに活躍できる企業に育てます。

C社（建設業）

経営理念：地域の中小企業の技術を互いに補完し合い、全従業員の幸せを追求します。また、地域の伝統を重んじ、企業価値の向上、雇用の創出を通じ、地域社会に貢献します。

経営ビジョン：地域の中小企業を結ぶ全国ネットワークを築き、地域社会に貢献します。

PMIGL：61ページ

検討の進め方

M&A前後における事業の引継ぎを通じて把握した経営課題等を踏まえ、自社が中長期的に目指す姿を描き、事業計画まで落とし込んでいく。

譲渡側の次期会計年度に合わせ、新たな経営の方向性として打ち出すことも有効である。

PMIGL：62ページ

　以上は、【基礎編】における「経営の方向性の確立」をより発展させたものといえる。まさにこのあたりは、中小企業診断士や経営コンサルタントによる支援が主に想定されている領域といえる。

▶ 図表4-17

▼ 経営の方向性の検討プロセス

目的の明確化	・経営理念・ビジョン・事業計画を作成する目的を明確にする
推進チーム組成	・推進メンバーを選定し、目的を共有する
現状分析	・外部環境・内部環境を分析し、課題を抽出する
目標設定	・現状分析を踏まえ、経営の方向性を検討し目標を設定する
施策の検討	・目標達成に向けた施策の具体化を行い、アクションプランへ落とし込む
事業計画の策定	・経営目標・数値計画・行動計画を事業計画として取りまとめる
モニタリング	・事業計画に基づき予実管理を実行し、必要に応じて施策の見直しを行う

▼ 検討に当たって有効なツール

a. ローカルベンチマーク（ロカベン）	商流・業務フローや経営者、事業、環境・関係者、内部管理体制といった非財務情報から経営全般を見直し、これまで見えていなかった自社の魅力に気づき、さらに魅力を高めていくための課題と取り組みを整えることのできる企業の健康診断ツール。 https://www.meti.go.jp/policy/economy/keiei_innovation/sangyokinyu/locaben
b. 経営デザインシート	環境変化に耐え抜き持続的成長をするために、自社や事業の存在意義を意識した上で、「これまで」を把握し、長期的な視点で「これから」の在りたい姿を構想し、それに向けて今から何をすべきか戦略を策定するためのツール。 https://www.kantei.go.jp/jp/singi/titeki2/keiei_design/index.html

PMIGL：62ページ

　なお、PMI支援におけるこれらのツールの活用については、「中小M&Aガイドライン」（75ページ）でも、中小企業診断士の主な支援内容の1つである「中小M&A前後の企業価値・事業価値向上への貢献」において言及されている。

② 経営体制の確立

ここでは、経営に当たる人員体制に関する取組を扱っている。

譲渡側の新経営者の選定	・譲渡側の前経営者の退任後、当面は譲受側経営者が兼務することが多いが、譲受側経営者の負担が大きいため、**中長期的に譲渡側の経営を担う人材を確保**する。 ・譲渡側の新経営者の候補となる人材は、主に下記が想定される。 　① 譲受側の幹部を譲渡側経営者として派遣 　② 譲受側からの出向者の昇格 　③ 譲渡側の従業員からの内部昇格 　④ 外部からの採用 ・譲渡側の新経営者の選定に当たっては、以下の観点から慎重に検討を行う。 　① 経営者としての資質（大局的な視点、決断・判断力、実務遂行力、関係構築力、主体性、熱意等） 　② 譲渡側の事業に対する理解度 　③ 譲渡側の関係者（従業員、取引先等）との関係性 **取り組む上でのポイント** 譲受側から経営者を派遣することを想定する場合、その人材をM&Aプロセスから関与させることによって、譲渡側の事業に対する理解度を高め、譲渡側関係者との信頼関係を構築するとともに、自らが経営を担うことに対する熱意や責任感等を醸成する効果が期待される。
譲渡側の経営チームの組成	・譲渡側の新経営者をサポートする役員等を選定し、経営チームを組成する。 ・短期的には、譲渡側の反発や大量離職等を回避するため、**譲渡側の基本的な経営体制を維持することが現実的なケースもある**が、譲渡側の新経営者のもとで大胆な改革を進める場合は、新経営者の改革を支える人員を新たに配置することが望ましいケースも少なくない。 ・譲受側・譲渡側の関係性や、M&Aの目的等を総合的に勘案

した上で、経営チームの体制を決定することになるが、新たに配置する経営チームの人員の関与度合いを弱めたり、譲渡側への勤務頻度を減らしたりするなどの工夫も有効である。

> ··········· **経営チームの組成における留意点** ···········
>
> 譲渡側の経営チームを大きく変更する場合、双方の利害対立により、譲渡側の抵抗やモチベーション低下を招く可能性がある。変更時期や程度について一定の考慮をする、段階的な変更を図る等、慎重な検討が求められる。

📖 PMIGL：63ページ

「譲渡側の新経営者の選定」の「取り組む上でのポイント」に記載の点は、裏を返せば、M&A成立前から譲渡側を経営する人材の目処が立っていること、M&A成立後の経営を誰がどう回していくのかについて具体的なイメージがM&A成立前からある程度できていることが望ましい、ということでもある。また、経営チームの変更に当たり慎重な検討が求められることは「譲渡側の経営チームの組成」に記載のとおりであるが、実際には譲渡側に従前どおりの経営を任せっぱなしにしてしまうケースも散見されると言われる[24]。M&Aの目的を達成するために必要な変更等は極力実行することが望ましく、その際に波風が立ちにくいように時間と手間をかけて、経営の方向性を示し、譲受側・譲渡側の信頼関係を構築していくことが必要と思われる。

24　竹林信幸「日本型PMIの方法論　中堅・中小企業を成長させるポストM&Aのプロセス」(プレジデント社、2019年)102ページにおいても「自社のやり方を強要するのとは逆の失敗パターンもある。買い手企業側が気を使いすぎ、結果として売り手企業側を放任あるいは放置してしまうケースだ」という指摘がなされている。

③　グループ経営の仕組みの整備

　ここでは、グループ全体の経営の仕組みの整備に関する取組を取り扱っている。ここで取り上げている内容は、基礎的なグループ・ガバナンスの整備ともいえる[25]。本ガイドラインにおいて、「経営統合」についての支援は基本的に中小企業診断士や経営コンサルタントの役割と位置付けられている（36ページ）が、この取組には弁護士[26]等の関与も想定されるかと思われる。

　この点、グループ・ガバナンスに関しては、「グループ・ガバナンス・システムに関する実務指針」（いわゆる「グループガイドライン」）が、令和元年6月に策定されている[27]。メインターゲットは上場企業とその子会社から構成される企業集団ではあるが、グループ設計の在り方等、グループ経営を行う非上場企業にとっても参考になる部分はあると思われる。

　なお、ガバナンス・システムに関しては、「コーポレート・ガバナンス・システムに関する実務指針」（いわゆるCGSガイドライン）

25　ただし、本ガイドラインの全体を通じて、「ガバナンス」という用語は一切用いられていない。「ガバナンス」という用語は多義的であり、その定義や用法自体についても議論を要することから、差し当たり本ガイドライン内では使用が控えられたものと思われる。

26　筆者が講師を務めさせていただいた日弁連eラーニング「中小M&Aにおける買い手支援の実務に関する連続講座第4回『中小PMIと弁護士の役割』」においても、業務統合領域（人事・労務分野、法務分野）に加えて、弁護士が支援し得る取組として取り上げさせていただいた。なお、日本弁護士連合会・日弁連中小企業法律支援センター「事業承継法務のすべて［第2版］」（きんざい、2021年）392〜393ページにおいても、「ポスト事業承継」における取組として「ガバナンス体制の構築」が挙げられている。

27　「グループ・ガバナンス・システムに関する実務指針」を策定しました【経済産業省】
　　https://www.meti.go.jp/press/2019/06/20190628003/20190628003.html

が、令和4年7月に改訂されている[28]。その中では、「例えば、所有と経営が分離されていないオーナー企業などにおいては、オーナー社長ら経営陣のインセンティブ構造には一般の企業とは異なる部分があるとも考えられるが、少数株主の利益への配慮や、オーナー社長ら経営陣が暴走や腐敗したときの歯止めといった観点から、社外取締役を中心としたコーポレートガバナンスの仕組みを設けておく必要性が高いとも考えられる」（7～8ページ）といった指摘もなされている。

　以上のとおり、必ずしも中小PMIに限った話ではないが、ガバナンスに関して参考までに紹介する[29]。

譲受側・譲渡側一体での経営を行う体制の確立	・譲受側から譲渡側の取締役会や経営会議に人員を送り込むことで、譲受側と譲渡側が一体となって経営の方向性実現に向けた施策や経営課題への対応を実行する体制、関係性を構築する。 ・取締役会や経営会議以外においても、**譲受側・譲渡側の経営陣が膝詰めでコミュニケーションを取る場を積極的に設ける**ことが望ましい。 ・譲受側から譲渡側に派遣される人材は、M&A成立後の譲渡側の成長やM&Aの目的実現に向けた取組において、**当事者意識を持つ必要がある。**
意思決定プロセスの確立	・中小企業においては職務権限規程等、職務上の意思決定に関する取決めがなされておらず、経営者等が多くの意思決定を行っていることが多い。また、規程が存在する場合でも、実際の運用と乖離しているケースもある。

28　「コーポレート・ガバナンス・システムに関する実務指針（CGSガイドライン）」を改訂しました【経済産業省】
　　https://www.meti.go.jp/press/2022/07/20220719001/20220719001.html
29　中小企業庁においても、中小企業におけるガバナンスの強化の支援に関する議論を行っている。例えば、令和4年11月には「中小エクイティ・ファイナンスに係るガバナンス検討会」が設置されている。

	・譲渡側の意思決定に関する規程の確認、取締役会や経営会議への参加、役職員へのヒアリング等を通じて、**譲渡側における意思決定プロセスの実態を把握**する。 ・取締役会設置会社において取締役会が定期的に開催されていなかった場合には、取締役会を開催し、経営の意思決定をする。 ・M&Aを契機として、これまで**譲渡側の前経営者に集中していた権限の適切な分散、各階層における責任と権限の明確化**等を行い、各種規程として整備、周知徹底することが望ましい。
会議体の 見直し	・譲渡側の経営状況を把握するため、**譲渡側の取締役会や経営会議へ参加**する。また、事業の状況を把握するため、各部門で実施されている会議についても把握し、必要に応じて参加する。 ・譲渡側の協力のもと、譲渡側で定期的に実施されている会議体に関する情報を網羅的に把握する。その際、下記の項目について確認する。 　　▶会議名称 　　▶目的 　　▶頻度 　　▶運営責任者 　　▶参加者等 ・必要に応じて**新たな会議体を設置する**一方、**目的や意義が不明確な会議体は廃止等の見直しを行う**ことが望ましい。

 PMIGL：64ページ

(2) 関係者との信頼関係の構築

　本ガイドラインでは、関係者との信頼関係の構築について、主に【基礎編】において説明されており、【発展編】においては基本的に説明されていない。しかし、前述のとおり、これは、【発展編】が主に対象とする中規模・大規模案件において、関係者との信頼関係の構築が不要ということではなく、あくまでM&Aの規模を問わず

重要であるということを意味しているのである。

　関係者との信頼関係の構築の詳細については、【基礎編】に関する本章Ⅲ2「⑵　関係者との信頼関係の構築」を参照されたい。

⑶　業務統合

　以下では業務統合を「事業機能」と「管理機能」に区別してそれぞれ説明する。この点、本ガイドラインは、それぞれ以下のように定義している。

＜事業機能＞

> 企業の組織において、直接売上に結びつく機能（営業や製造・開発等）をいう。

📖 PMIGL：8ページ

＜管理機能＞

> 事業機能を支える人事・総務・経理・法務等の機能をいう。

📖 PMIGL：8ページ

①　事業機能

　事業機能に係る業務統合はPMI全体においても特に重要な部分であるが、各事業の特性に応じてきわめて多種多様であり、一般化しづらい面も否めない。本ガイドラインは、これをシナジー（相乗効果）という観点を軸にして、可能な限り整理して説明しており、「PMIプロセスにおいて取り組む代表的なシナジー効果等を整理し

た」「M&Aの目的等を踏まえ、取組の対象や実行時期を検討して
いく」と記載している。

　この点、まず本ガイドラインは、(A)取組のゴール、(B)シナジー効
果の構成、(C)取組ステップという３つの観点から、事業機能の概要
について説明しているので、これについて補足する。

　(A)取組のゴールは、以下の３点である。

---

①　譲受側と譲渡側のそれぞれの経営資源を適切に活用、組み合
　わせるなどすることで、事業面でのシナジー効果等を得て成長
　につなげる。
②　具体的には、主に売上拡大につながる「**売上シナジー**」と、
　売上原価や販管費といったコストの削減につながる「**コストシ
　ナジー**」の実現を目指す。
③　シナジー効果等の実現に向けた取組を通じて、自社の強みの
　強化、課題の改善等を実現し、持続的な成長（企業価値の向上、
　独自のポジションの確立等）を目指す。

PMIGL：65ページ

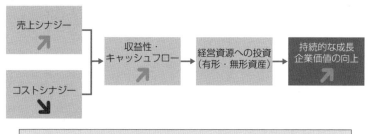

▶ 図表4-18

> シナジー効果は、短期的には譲受側・譲渡側の収益性やキャッシュフローの改善に寄与するが、あくまでM&Aの目的を実現するための手段である。中長期的なグループの持続的な成長のためには、生み出したキャッシュを新たな投資に向けることも戦略的に検討していくことが重要である。

売上シナジー ↗

コストシナジー ↘

→ 収益性・キャッシュフロー ↗

→ 経営資源への投資（有形・無形資産）

→ 持続的な成長企業価値の向上 ↗

> M&Aでは、譲受側・譲渡側が一体となって成長を目指す姿勢が重要です。M&Aにおける投資は、買収代金の支払で終了するのではなく、必要に応じて譲渡側に対して追加投資をするなど、譲渡側の経営改善や成長のための事業への投資を実施することも重要です。

📖 PMIGL：65ページ

　「シナジー＝相乗効果」という言葉の持ち得る意味は広く多義的であるため、一定の整理を要するところ、本ガイドラインはあくまで損益計算書（PL）ベースで「売上シナジー」と「コストシナジー」に2分して整理している。

　このような整理に対しては、異論もあり得ると思われる。例えば、貸借対照表（BS）ベースのシナジーや、PLにもBSにも表れないようなシナジーもあるのではないかという異論である。その典型例はM&Aに伴うブランド価値や信用力の向上であろうと思われる。確かにM&Aによってこういったメリットが生じるケースはあり得るものの、その定量的な効果測定は難しく、また個別の事案ごとに様相が大きく異なる。そのため、こういったメリットは、「グループファイナンスの導入」によるコストシナジー効果（PMIGL：110

ページ）や、「③譲渡側の管理機能（人事・労務分野）を譲受側に集約することに成功した事例」において譲受側の知名度が採用活動上の利点となったこと（PMIGL：95ページ）等の限度において反映させるに留まり、ブランド価値や信用力の向上そのものを、事業機能におけるシナジーとしては取り上げていないものと思われる。

シナジーの定義付けや限定に関しては相当な議論が重ねられたものと思われるが、一般的な解答というものはなく、どこかで線引きをする必要があることから、PLベースで現実化しているシナジーを軸にした本ガイドラインの整理にも、一定の合理性はあると思われる[30]。

なお、一般論として、「コストシナジー」のほうが「売上シナジー」よりも具体的に実現しやすい傾向にあると思われ、まずは「コストシナジー」の検討を進める企業も多いと思われる。ただ、それは以下のとおり人件費や仕入の削減のみを意味するものではなく、またシナジー創出により生じた資金余力を投資に振り分けることで更なる企業の成長を企図するものであるから、中小M&A・PMIに伴う取組そのものがいわゆるリストラと同義というわけではない。この点は念のため補足しておく。

(B)シナジー効果の構成は、以下のとおりである。

代表的なシナジー効果には、例えば、譲受側・譲渡側の顧客や製

30　なお、前述の「グループ・ガバナンス・システムに関する実務指針」（いわゆる「グループガイドライン」）は、グループ全体での相乗効果をシナジーとした上で、「「シナジー」には、様々なものが含まれるが、一般的には、①財務的（financial）シナジーと②事業的（operational）シナジーの2つの要素に分けて捉えることができる」という整理を行っている（24～27ページ）。

品・サービス等の経営資源を相互に活用、組み合わせることによる売上拡大や、譲受側・譲渡側で重複する業務・機能等の集約・統廃合によるコスト削減等が挙げられる。

また、上記に加え、中小企業同士のM&AにおけるPMIでは、譲受側のノウハウを活用して譲渡側の経営や業務の改善を行うことにより、譲渡側の収益改善につながるケースも想定される。

シナジー効果等の実現に向けた取組の全てに対応することは困難であるため、**目的等に応じて統合範囲や優先順位等を決めて取り組む**ことが望ましい。

📖 PMIGL：66ページ

▶ 図表4 -19

| 代表的なシナジー効果

凡例： ■ 相対的に取り組みやすい項目
■ 相対的に難易度が高い項目

		① 経営資源の相互活用	1	クロスセル	P.72
売上シナジー			2	販売チャネルの拡大	P.74
		② 経営資源の組合せ	3	製品・サービスの高付加価値化	P.76
			4	新製品・サービスの開発	P.78
コストシナジー	売上原価	③ 改善	5	生産現場の改善	P.79
			6	サプライヤーの見直し	P.82
			7	在庫管理方法の見直し	P.83
		④ 共通化・統廃合	8	共同調達	P.85
			9	生産体制の見直し	P.87
	販管費	⑤ 改善	10	広告宣伝・販促活動の見直し	P.89
			11	間接業務の見直し	P.91
		⑥ 共通化・統廃合	12	共同配送	P.93
			13	管理機能の集約	P.94
			14	販売拠点の統廃合	P.95

（★PMIGL内のページ）

📖 PMIGL：66ページ

シナジーは、売上シナジーとコストシナジーの大きく2つに分類され、コストシナジーは売上原価シナジーと販管費シナジーの2つに分類されている。また、各シナジーの創出のために「相対的に取り組みやすい項目」と「相対的に難易度が高い項目」の2つにそれぞれ分類されている。

　(C)以下では、各時期における取組ステップについて説明する。
　まずはM&Aの目的を明確化し、その目的の実現の前提となるシナジー効果等についての戦略を立てることが必要である。その際には、M&A成立前からDD等を通じた現状把握を行うことが重要である。

1　**M&A初期検討**
2　**"プレ"PMI（M&A成立まで）**
●**現状把握①（譲渡側の事業内容や課題等に関する情報収集、事前検討）**
- M&Aを実施する目的を明確化し、その目的の実現に向けて期待されるシナジー効果等を得られるのか、戦略を策定し、精査する。
- M&Aプロセスにおける譲渡側へのヒアリングやDD等の手続を通じて、譲渡側の事業活動に関する情報を可能な限り取得するように工夫する。特に、①**譲渡側の事業内容**（事業計画、組織図、主要顧客とその取引状況、主要製品・サービスとその特徴、商流、従業員の状況等）、②**譲渡側の事業**における**課題認識**を把握し、譲渡側の事業に対する理解を深めておく。
- 上記を踏まえ、M&Aの目的の実現の前提となるシナジー効果等を想定し、M&A成立後の取組についての仮説を持っておく。

実際にシナジー効果等を得られるよう、M&A成立前の段階から
PMIにおける取組を想定し、事前検討の段階から可能な限り必
要な情報を取得するように努めることが望ましい。

📖 PMIGL：67ページ

　以上のとおり、M&A成立前の現状把握は重要ではあるが、
M&A成立以後にも現状把握は必要であり、その結果を踏まえて統
合方針を策定し、行動計画を策定・実行・検証していくことが必要
である。ただし、シナジー効果等の実現に向けた取組を実行する際
には、譲渡側の従業員の心情面にも配慮する必要がある。

3　PMI（M&A成立後）

●**現状把握②（譲渡側の事業内容や課題等の詳細把握）**

・M&A成立後は、M&Aプロセスでは把握できなかった、譲渡
　側の事業内容や課題等について、より詳細に把握する。

・具体的には、譲渡側について、各種経営管理資料（事業別損益
　管理表、営業管理資料等）の確認、従業員（特にキーパーソン）
　へのヒアリング、主要な事業所や工場への視察等を通じて、事
　業活動の実態を把握する。

取り組む上でのポイント

譲渡側の業績に関する数値情報は、売上高は顧客別や商品別等に、
コストは変動費・固定費別や支払先別等に分解して把握すること

で、想定するシナジー効果等ごとの取組が業績に与える影響を可視化しておくことが望ましい。

::::::::::::: **現状把握における留意事項** :::::::::::::

譲渡側において事業活動に関する情報が整備・管理されていない場合には、譲渡側の協力のもとに、新たに管理帳票を作成するなどして情報の可視化を進める。

::

●統合方針の策定

- 現状把握を踏まえ、M&Aプロセスにおいて想定したシナジー効果等ごとに、実現に向けた取組の具体化を行う。各取組について、その想定効果や実現可能性等の観点から評価を行い、取組の範囲と優先順位を決定する。

取り組む上でのポイント

- 想定効果については、各取組の売上高やコストへの影響を定量的に把握しておく。ただし、定量的な効果の大小だけで機械的に判断するのではなく、従業員の納得感を得るために、まずは目に見えて効果が分かりやすい取組から優先して行うなど、柔軟に判断する。
- 実現可能性については、取組における難易度や人的リソースの制約等を鑑みて総合的に判断する。

●行動計画の策定

- 各シナジー効果等の実現に向けた取組ごとに、誰が、いつまでに、何を実施するかを明確化し、行動計画に落とし込んでいく。

- また、取組の成果を測定して検証できるように、目標（売上高、販売数量等）やKPI（※Point「KPIとは」を参照）等の定量的な指標を設定しておく。

> ## Point KPIとは
>
> 重要業績評価指標（Key Performance Indicator）を指す。会社の目標を達成するための重要な活動や成果を定量的に評価するための指標を意味する。売上高や営業利益といった財務指標ばかりではなく、日々の活動における取組に関する指標を設定することで、目標達成に向けた活動がどの程度実行されているかを測定することも可能になる。例えば、製造部門における稼働率や不良率等、営業部門における顧客訪問件数や新規引合件数等が挙げられる。

● **行動計画の実行・検証**
- 行動計画に従って取組を実行する。その上で、各種管理帳票や会議等を通じて、定期的に各担当による取組の進捗状況を把握し、必要に応じて取組の見直し（方針変更、新たな取組の検討）を実施する。

取り組む上でのポイント

効果検証では、結果としての売上高やコスト（売上原価・販管費等）ばかりに着目するのでなく、行動計画が実行に移されたか、顧客の反応はどうであったか、障害となっている問題は無いか等の観点も考慮する。

> ········· **実行する上での留意事項** ·········
>
> シナジー効果等の実現に向けた取組を実行する際、譲渡側の従業員等の心情面にも配慮する。M&A成立後、不安な状況にある譲渡側の従業員に対して、突然業務の変化や追加業務を依頼すると、大きな反発を受けることも少なくない。そのため、シナジー効果の実現に向けた取組を円滑に進めるためには、信頼関係の構築が重要となる。

 PMIGL：67〜69ページ

　PMI（集中実施期）までの取組で終わらず、継続的にPDCAサイクルを回していくことが必要である。

4　"ポスト"PMI

M&A成立後の集中実施期における取組の結果を踏まえ、次の目標（次期会計年度等）に向けて**PMI取組方針の見直し**を行い、**継続的にPDCAを実行する**。

 PMIGL：69ページ

 補足 6 **取組状況の管理方法**

　「PMI推進における関係者が、課題の優先度や具体的な取組、進捗状況を把握できるよう、共有化のためのツールを整備する」という趣旨で、いくつかのサンプルを提示している。以下では、「取組状況を共有するためのツールの整備」の例を示す。

取組状況を共有するためのツールの整備 （1/2）

現状把握で抽出された課題をリスト化する。各課題への対応方針を定めるとともに、取組の優先度、担当者、着手時期、完了期限を定め、一覧化する。

（課題管理表例）

方針検討

優先度	領域等	課題	具体的な取組	担当者	取組の着手	取組の完了期日
高	会計・財務分野	決算期の変更	・決算期の12月への変更手続 ・支援機関への支援依頼	A氏	即時着手	翌12月まで
高	法務分野	個人情報管理の徹底	・個人情報保護対応マニュアルの作成 ・社内研修実施	B氏	即時着手	5か月以内
中	ITシステム分野	社員全員へのPC導入	・共同利用PCを利用していた社員が1人1台所有できるようPCを調達、配布	C氏	2月	5か月後
低	事業機能	宣伝広告媒体の共通化	・譲渡側社名入りカレンダーを、譲受側B社グループの連名式のカレンダーとしてデザイン変更	D氏	6月	10月下旬

課題管理表でリスト化した取組について、完了時期までに**必要な作業を細分化し、スケジュールを可視化する。**スケジュールが現実的で実行可能なものか確認を行い、担当者を明記して行動計画に落とし込む。

（スケジュール表例）

計画策定

領域等	課題	担当者	1月	2月	3月	4月	5月	6月	7月	8月	9月	10月	11月	12月
プロジェクトマネジメント	定例会議	A氏	原則毎月実施 →											
会計・財務分野	決算期の変更	A氏	支援機関への支援依頼			支援機関のアドバイスに基づき、スケジュール作成								
法務分野	個人情報管理の徹底	B氏					マニュアル作成		研修実施					
ITシステム分野	社員全員へのPC導入	C氏				PC調達	配布							
事業機能	宣伝広告媒体の共通化	D氏									カレンダーデザイン検討		発注	

実行・検証

定例会等の会議を行い、進捗状況の報告・確認を行う。進捗の遅延については、遅延理由や遅延の解消方法等を明確にし、完了期限までの影響有無を把握できるようにすることが望ましい。取組を行うにあたって必要な他部門からの協力に関する依頼等も必要に応じて提起する。

（進捗報告フォーマットの例）

優先度	領域等	課題	具体的な取組	担当者	進捗状況	遅延理由／リカバリ策	他部門への協力依頼
高	会計・財務分野	決算期の変更	・決算期の12月への変更手続 ・支援機関への支援依頼	A氏	予定通り	―	―
高	法務分野	個人情報管理の徹底	・個人情報保護対応マニュアルの作成 ・社内研修実施	B氏	遅延	担当者変更・引継ぎに伴いマニュアル作成が一時停滞。後任者は、個人情報保護に精通しているため、作業効率向上により完了期限までには完了する見込み。	IT部門への依頼 オンライン研修を検討中。新規購入予定のPCの仕様を共有いただきたい
中	ITシステム分野	社員全員へのPC導入	・共同利用PCを利用していた社員が1人1台所有できるようPCを調達、配布	C氏	予定通り	―	―
低	事業機能	宣伝広告媒体の共通化	・譲渡側社名入りカレンダーを、譲受側B社グループの連名式のカレンダーとしてデザイン変更	D氏	予定通り	―	―

方針策定（見直し）

想定していなかった障壁や環境の変化による取組の遅れや、重要かつ緊急性の高い課題の追加が生じた場合、**取組の優先度の変更やスケジュールの見直し**を行う。変更・承認のプロセスを明確化しておくことが望ましい。

PMIGL：70〜71ページ

なお、「中小PMIの取組においてもPDCA（Plan Do Check

Action）サイクルを常に回し続けることが重要です。PMI推進における関係者が課題や進捗を共有できるよう、可視化するためのツールを整備しておきましょう」とのコメントがあるとおり、譲受側と譲渡側の間、譲受側・譲渡側と支援機関の間、各支援機関の間で、情報を共有する必要性が随時生じ得る。フォーマット等があらかじめ決まっていると、どの関係者が読んでも伝わりやすく、ミスコミュニケーションが生じるリスクを低減しやすいかと思われる。

シナジーごとの整理

　以下では、シナジー（❶〜⓮）ごとに、次の6つの観点から具体的な取組を列挙して解説している（❶〜ⓥの付番は筆者による）。特に、どのような取組か（❶）、どのような効果が期待できるか（ⓘⓥ）、取り組む上での留意点（ⓥ）の3点は重要であると思われる。

---

❶ どのような取組か？
ⓘ どのような場合に有効性が高いか？
ⓘ どのように対応するか？
　　シナジー実現のための前提は？
　　どのようなパターンがあるか？
ⓥ どのような効果が期待できるか？
ⓥ 取り組む上での留意点
ⓥ 取組事例

　なお、シナジーというのはある意味で結果であり、現場はシナジーベースで考えておらず、現場から見たときにどのように動くべきか

という行為の観点から整理するべきではないか、という指摘もあり得ると思われる。この点は、以上の６つの観点から多面的に解説することで一定程度はカバーされていると思われるが、今後、より実効的な分類が発案された場合には、これに則って整理することもあり得るかと思われる。

売上シナジー

㋐ 経営資源の相互活用による売上シナジー

　ここで取り上げるのは、「譲受側と譲渡側が、お互いの製品・商品、サービス等を相互に活用して既存顧客にアプローチすることにより、売上拡大を実現する取組」である。代表的なシナジー効果のうち「相対的に取り組みやすい項目」とされている。

　このうちクロスセル（❶）とは他社製品を自社にとっての得意先にも販売する取組である。

　販売チャネルの拡大（❷）と混同しやすいが、販売チャネルの拡大はあくまで自社製品を他社にとっての得意先にも販売できるようにする取組を意味している。

a　クロスセル（❶）

　売上シナジー創出のための比較的ソフトな手法の１つといえる。ただし、拙劣な実施は却って既存顧客の信頼を損なうリスクもはらんでいるので、対象となる商品・サービスへの理解を深めた上での実施が望ましい。

❶どのような取組か？	・自社の既存顧客への提案に際し、関連する製品・サービスを併せて提案することによって、**既存顧客から**

		追加的な売上を獲得する活動である。
ⅱ どのような場合に有効性が高いか？		• 譲受側・譲渡側の既存顧客のニーズの類似性が高い場合、譲受側・譲渡側が提供する製品・サービスが相互に補完的な場合に有効性が高い。
ⅲ どのように対応するか？		• 譲受側の営業担当が自社の既存顧客に譲渡側の製品・サービスを追加販売する場合と、譲渡側の営業担当が自社の既存顧客に譲受側の製品・サービスを追加販売する場合の2つがある。
	A社の営業担当が自社の得意先に対してB社製品を販売	A社（譲受側）→ A社製品／B社製品 → 得意先X社
	B社の営業担当が自社の得意先に対してA社製品を販売	B社（譲渡側）→ A社製品／B社製品 → 得意先Y社
ⅳ どのような効果が期待できるか？		• 既存顧客に対する販売数量を増加させることで、**顧客あたりの売上高を増加**させる効果が得られる。

PMIGL：72ページ

[**ⅴ** 取り組む上での留意点]

• クロスセルは、譲受側・譲渡側にとって重要な既存顧客を相手に行うものであるため、闇雲に提案を行うなどして既存顧客の信用を失うことのないよう、追加販売しようとする製品・サービスが既存顧客にとって有効なものであるか等を慎重に検討した上で実施する。

• また、譲受側・譲渡側の営業担当が、商品知識が少ないM&Aの相手方の製品・サービスの提案も積極的に行う上で、自社以外の製品・サービスに関する知識や理解が十分であることが前提となるため、下記の取組も併せて実施することを検討するこ

とが望ましい。
　① 　製品・サービスに関する商品知識や提案方法についての
　　　勉強会等を通じて理解を深める場を設定する。
　② 　営業担当や技術者等による同行営業等の活動を通じ、お
　　　互いの製品・サービスへの理解を深めていく。
　③ 　ターゲット顧客に対するクロスセルに対してインセン
　　　ティブを導入するなど、営業目標の設定や業績評価につい
　　　ても工夫する。

PMIGL：73ページ

ⅵ 取組事例

① **水平統合を機に追加販売・併売（クロスセル）に成功した事例**

- 精密部品加工向けの装置の製造を手掛けるＡ社が、製品検査装置を手掛けるＢ社を譲り受けたケースでは、Ａ社の大口顧客であるＣ社向けの展示会においてＢ社の製品の展示も併せて実施した。Ａ社の製品とＢ社の製品は異なる用途であったが、展示会に参加した購買担当（Ａ社の窓口である購買担当とは別の担当）から提案依頼を獲得することに成功した。顧客Ｃ社からＢ社の製品の発注を新たに獲得することで、顧客単価の上昇に貢献した。

PMIGL：73ページ

b 販売チャネルの拡大（❷）

売上シナジー創出のための比較的ソフトな手法の１つといえる。ただし、拙劣な実施は却って既存顧客の信頼を損なうリスクもはらんでいる。特に昨今、個人情報保護法上の問題に留まらず、顧客情報の取扱いはセンシティブな問題であるため、信用の確保という観点からも十分に配慮する必要がある。

❶どのような取組か？	・主に同業種による水平統合のように、提供する製品・サービスの類似性が高い一方で、譲受側・譲渡側の既存顧客が相互に重複しない場合に、それぞれの既存顧客に対して販売することで**新たなチャネルの開拓、新規顧客の獲得、営業エリア拡大を実現**する活動である。
❷どのような場合に有効性が高いか？	・譲受側・譲渡側の既存顧客層が異なる場合や、営業エリアが地理的に重複しない場合に有効性が高い。
❸どのように対応するか？	・譲受側の営業担当が譲渡側の顧客に自社の製品・サービスを販売する場合と、譲渡側の営業担当が譲受側の顧客に自社の製品・サービスを販売する場合の２つがある。また、営業担当が相互に顧客を紹介する場合（単独での営業）と、同行営業を実施する場合がある。
❹どのような効果が期待できるか？	・販売チャネルを相互に共有することで、譲受側・譲渡側にとって少ない営業リソースで**新たな顧客を獲得することが可能**になる。また、譲受側・譲渡側で販売地域が異なる場合は、統合によって**販売エリア**

を拡大することが可能になる。
- 自社とは異なる業種・業界につながる販売チャネルを持つ企業との統合では、獲得した新たなチャネルを通じて、自社がこれまでアクセスできなかった市場との接点を持つことができる。**既存顧客とは異なるニーズへの対応を迫られることによって、結果として自社の製品の改良や開発につながることもある。**

PMIGL：74ページ

[Ⓥ取り組む上での留意点]
- 相互に既存顧客を紹介して単独で営業活動をする場合、既存顧客の不信感を招かないように留意する必要がある。既存顧客との関係性や提案内容等、営業担当同士の情報連携を徹底する。
- 譲受側・譲渡側で顧客情報を共有する場合、相手側の企業へ直接アプローチする場合等、顧客から事前の承諾を取っておくことが望ましい。特に、一般消費者の個人情報を共有する場合には、個人情報保護法に抵触することが無いように留意する。

PMIGL：75ページ

 Ⓥ 取組事例
- -

① **譲受側の子会社を通じて譲渡側の製品の海外展開に成功した事例**
- 切削加工機械を製造販売するＡ社が、表面研磨機械を製造販売

するB社を譲り受けた。B社は、海外の販路・サポート体制を有していなかったが、M&A後は、技術者も在籍するA社の海外子会社がB社の製品も販売することになった。これにより、B社の製品の海外からの受注を新たに獲得することができた。

② **上流の事業を譲り受けることで販路開拓に成功した事例**

- 工具等の卸売を手掛けるA社が、ネジの製造を手掛けるB社を譲り受けた。B社は、その製品の特性上、あらゆる製造業を顧客に持っていた。A社は、B社から顧客の紹介を受けることで、自社が取り扱う工具を幅広い顧客に販売することに成功した。A社は、B社を譲り受けた後、同じ戦略に基づき複数の製造業向け部品メーカーをM&Aで取得することにより、更に販路を拡大している。

③ **他地域の事業を譲り受けることで営業エリアの拡大に成功した事例**

- X県内で食品製造・販売業を営むA社が、Y県を主な営業エリアとする同業B社を譲り受けた。B社の販売先に対してA社の営業担当が自社の製品を販売することを通じて、新たなチャネルの獲得に成功した。

④ **譲受側・譲渡側双方の販売チャネルを活用して販路開拓に成功した事例**

- 総菜メーカーA社が、隣接県の百貨店にチャネルを持つ同業B社を譲り受けた。B社の顧客である百貨店にA社の営業担当が総菜を提案することで、これまで自社が卸せていなかった百貨店での販売に成功した。

PMIGL：75ページ

㈲ 経営資源の組合せによる売上シナジー

ここで取り上げるのは、「譲受側と譲渡側が、お互いの製品・商品、サービスや、その前提となる技術やノウハウ等の経営資源を組み合わせることで、顧客に新たな価値を提供することによって売上拡大を実現する取組」である。代表的なシナジー効果のうち「相対的に難易度が高い項目」とされている。

これは、譲受側・譲渡側のそれぞれの経営資源を個別に活用するだけでなく、組み合わせることでさらに価値上昇を企図するという点において、前述の「㈠ 経営資源の相互活用による売上シナジー」よりもさらに一歩踏み込んだ取組といえる。

a 製品・サービスの高付加価値化（❸）

売上シナジー創出のための踏み込んだ手法の１つといえる。現状では満たしきれていないニーズだけでなく、営業の在り方も含めて検討しておく必要がある。

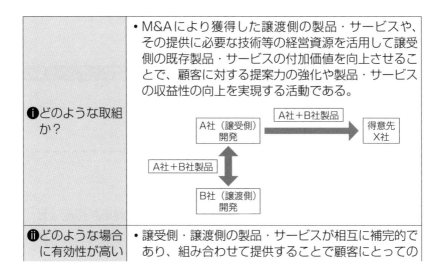

❶どのような取組か？	・M&Aにより獲得した譲渡側の製品・サービスや、その提供に必要な技術等の経営資源を活用して譲受側の既存製品・サービスの付加価値を向上させることで、顧客に対する提案力の強化や製品・サービスの収益性の向上を実現する活動である。
❷どのような場合に有効性が高い	・譲受側・譲渡側の製品・サービスが相互に補完的であり、組み合わせて提供することで顧客にとっての

か？	利便性や付加価値が増す場合に有効である。
ⅲシナジー実現のための前提は？	• 既存製品にM&Aの相手企業の技術を活かして機能追加をする場合（製品自体の価値向上）や、製品・商品とアフターサービスを組み合わせて提供する場合（提案全体の価値向上）等、多様な場合が想定される。
ⅳどのような効果が期待できるか？	• 製品・サービスの組合せによる**付加価値向上による受注拡大、売上増加の効果**が想定される。

PMIGL：76ページ

[ⅴ取り組む上での留意点]
• 前提として、現在提供している製品・サービスに関する十分な知識や理解、同製品・サービスでは満たされていない既存顧客のニーズについての理解が必要になる。
• その上で、譲受側・譲渡側の製品・サービスを組み合わせることにより、いかに顧客のニーズを満たすかを訴求するための営業手法についても併せて検討する必要がある。

PMIGL：77ページ

ⅵ 取組事例

----

① 一体受注体制の構築に成功した事例
• 道路標識の製造を手掛けるＡ社が、設置工事の対応が可能なＢ社を統合。道路標識と設置工事を一体で受注できる体制を構築

した。ワンストップで対応可能な事業者が少ないことから差別化につながった。また、これに伴って発注者のニーズやそれに対処する方法等に関する情報が同社に集まるようになったことで、同社の提供価値の更なる向上につながっている。

② **獲得した技術を自社の製品の機能拡張に活用することに成功した事例**

• 表面加工を手掛ける製造業であるＡ社は、M&Aにより譲り受けたＢ社の環境分析装置の事業で取得した技術を自社の赤外線センサーの分析装置に採用し、既存製品の機能強化を実現した。これにより、同業他社に比べて顧客に対する提案力の向上につながった。

PMIGL：77ページ

b　新製品・サービスの開発（❹）

　売上シナジー創出のための踏み込んだ手法の１つといえる。現状では満たしきれていないニーズや営業の在り方も含めて検討しておく必要があるが、特に企画や開発についての追加コストを念頭に置いた上でシナジー創出に向けた検討を始めることも重要であるものと思われる。

❶どのような取組か？	• 既存顧客の新たなニーズの掘り起こしや、新規顧客の開拓等の成果を狙い、譲受側・譲渡側が保有する経営資源や組織能力を活用し、**新製品・サービスの企画・開発を行う活動**である。
❷どのような場合に有効性が高いか？	• 既存顧客において、自社がこれまで対応できていなかった潜在的なニーズが存在することが想定される場合に検討することが有効である。

ⅲシナジー実現の ための前提は？	・顧客のニーズが存在すること、一定以上の需要規模 が見込めること、譲受側・譲渡側が保有する経営資 源や組織能力を組み合わせることによって、その ニーズを満たす可能性があることが前提となる。
ⅳどのような効果 が期待できる か？	・既存顧客の新たな需要を開拓することによって、**既** **存顧客内でのシェアアップによる取引拡大**や、従来 の製品・サービスとは**異なる収益構造による新たな** **売上を獲得**できる可能性がある。

 PMIGL：78ページ

[ⅴ取り組む上での留意点]
・検討にあたっては、既存顧客のニーズについての深い理解と洞察、譲受側・譲渡側の製品・サービス提供の前提となる経営資源（技術、人材等）における強みの明確化をしながら進める。
・上記の前提として、譲受側・譲渡側の営業、技術分野の担当等の間において緊密なコミュニケーションと相互理解を進め、自由闊達に意見交換ができる環境を整備していく。

 PMIGL：78ページ

 ⅵ 取組事例
- -

① 譲受側・譲渡側の技術を組み合わせて新製品の開発を行った事例
・紙容器製造を手掛けるＡ社が、プラスチック容器製造を手掛けるＢ社を譲り受けた。両社の製造チームが開発情報を共有した

結果、これまで紙で製造していた製品をプラスチック化することで生産効率を高めることや、プラスチックと紙を融合した容器を製造すること等、顧客の要望に対して提案の幅が広がった。

📖 PMIGL：78ページ

📈 コストシナジー

　以下では、売上を拡大することとは別に、コストを削減する方向でのシナジー（コストシナジー）を創出する取組を紹介する。
　コストシナジーは、売上原価シナジーと販管費シナジーの2つに分類される。

▶▶ 売上原価シナジー

　まずは売上原価シナジーから説明する。

(ウ)　改善による売上原価シナジー

　ここで取り上げるのは、「譲受側が、譲渡側の業務の改善等を支援することで、譲渡側の売上原価の削減を実現するための取組」である。代表的なシナジー効果のうち「相対的に取り組みやすい項目」とされている。

a　生産現場の改善（❺）

　売上原価シナジー創出のための比較的ソフトな手法の1つといえる。ただし、その効果を可視化することは容易ではない。そもそも現場では様々な情報が可視化されていないので、これをITツール等により可視化することも重要である。

❶どのような取組か？	・譲渡側の生産現場における５Ｓ（整理、整頓、清掃、清潔、躾）（※Point「５Ｓとは」を参照）の実施状況の改善等を通じて、**生産現場におけるミスの撲滅や作業効率の改善等を実現し生産性の向上**を図る活動である。
❷どのような場合に有効性が高いか？	・現場レベルで早期に着手可能な改善活動が中心となるため、M&Aの成果を比較的早期に期待できる。
❸どのように対応するか？	・中小企業の生産現場においては、下記のような課題が多く見られる。譲渡側において、下記の観点から生産現場における作業員の状況、作業の状況を確認し、改善点は適宜対応していく。 １．過剰な設備や人員配置等により、必要量以上の生産を行っていないか（**作りすぎのムダ**） ２．欠品・部品待ち、作業待ち等の手待ちが発生していないか（**手待ちのムダ**） ３．工場レイアウト等による無駄な運搬の発生や、在庫の保管場所の非効率による移動やそれに伴う作業等の無駄は発生していないか（**運搬のムダ**） ４．最終製品の出来栄えに寄与しない無駄な加工等はなされていないか（**工程のムダ**） ５．在庫の保管スペースの非効率や滞留在庫の存在により無駄な保管・運搬・管理費用は発生していないか（**在庫のムダ**） ６．作業場所等の非効率により、人の歩行や作業等の無駄な動きが多く発生していないか（**作業のムダ**） ７．不良品の発生による廃棄や手直し等による材料、工数等の無駄は発生していないか（**不良品のムダ**）
❹どのような効果が期待できるか？	・生産現場における**ミス**や**無駄を抑制**することによる**QCD（Quality（品質）、Cost（費用）、Delivery（納期））の改善**に加え、取組を習慣化させることによるQCDに対する意識向上等、従業員が自律的に改善を実施する組織風土を醸成することができる。

📖 PMIGL：79〜80ページ

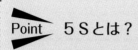

Point ▶ ５Ｓとは？

主に製造業やサービス業において、職場環境を整えるための活動。多数の従業員が働く職場で作業のミスや無駄を減らし、業務効率化を図るために効果的な取組を整理したフレームワークである。

PMIGL：80ページ

[Ⅴ取り組む上での留意点]

- 生産現場の改善を行うためには、生産現場で起きている問題をタイムリーに把握し改善活動を行うことを習慣化することが望ましい。生産現場における不具合やトラブルを早期に把握し、生産を止めるかどうかや今後の対応策をどうするか等の判断を速やかに行う。

- 中小企業の生産現場では、生産工程における作業時間、設備の稼働状況、在庫の発生状況、不良や廃棄ロスの発生状況等に関する情報が可視化されていないことも多く、生産現場の問題点をタイムリーに把握できないことも多い。

- 譲渡側の生産現場における情報の可視化を行うことが極めて重要である。必要な情報が適時取得できるよう、ITシステム（生産管理システム等）を整備しておくことが望ましい。

- ５Ｓを単なる整理整頓や清掃等と位置付けるのではなく、利益に直結する重要な活動として位置付ける。また、活動は継続的に実施して定着させることで、従業員のモラルやモチベーションが向上し、主体的に取り組むレベルまで意識改善を図っていくことが望ましい。

 PMIGL：80ページ

 取組事例

① 整理整頓等の徹底により譲渡側の現場改善に成功した事例

- インフラ事業を中核事業として拡大を図っているＡ社が、周辺の製造業を譲り受けた。譲受後、直ちに５Ｓ（整理・整頓・清掃・清潔・躾）を徹底。この徹底を通じて、譲渡側において、改善点に気づく風土ができ、生産工程の改善事項等も発見されやすい環境が醸成された。

② デジタル目安箱を導入することにより譲渡側の現場改善に成功した事例

- 自動車部品製造業を営むＡ社が、業務拡大のために、別の自動車部品を製造するＢ社を譲り受けた。譲受後、製造現場、営業現場等における課題・問題点等を、譲受側経営者が直接吸い上げるために、スマートフォンを活用したデジタル目安箱を採用した。その結果、現場に直接関与していなければ気づけなかった点を把握することが可能となり、現場改善に大きく寄与した。

③ 仕損の原因を見える化し、仕損の減少に成功した事例

- 製造業を営むＡ社は、同業のＢ社を譲り受けた。譲受後、Ａ社は、自社と比べてＢ社の仕損が多い事実を発見したが、直ちにその原因を特定することはできなかった。そこで、Ａ社はＢ社と連携して、設計から完成に至るまでの仕損が発生するプロセスを検討して見える化するプロジェクトを実施した。その結果、仕損の発生原因を特定して改善を行うことができ、仕損が著しく減少し、結果として生産性が向上した。

 PMIGL：81ページ

b　サプライヤーの見直し（❻）

　売上原価シナジー創出のための比較的ソフトな手法の1つといえる。ただし、対応の時期や手法等によっては、見直しの対象となったサプライヤーに限らず、それ以外の企業（特に同地域内の他企業）からの不信感を買うリスクもある。したがって、特に地域密着型ビジネスにおいては、実施に当たって慎重に検討する必要がある。

❶どのような取組か？	• 製造業における部品や原材料、卸業・小売業における商品のサプライヤー（仕入先や供給元）のうち、自社にとって**不利な取引条件となっている先を特定し、必要に応じて改善に向けた交渉を行う活動である**。また、サプライチェーンの安定化に向け、新たなサプライヤーの獲得を行うなどにより、**調達におけるQCD（Quality（品質）、Cost（費用）、Delivery（納期））の改善**を実現する活動でもある。
❷どのような場合に有効性が高いか？	• 譲渡側の既存サプライヤーに対する取引条件の改善、譲渡側に対する譲受側サプライヤーの紹介、譲受側・譲渡側共同による新たなサプライヤー開拓等がある。
❸シナジー実現のための前提は？	• 譲渡側において、サプライヤーとの取引量が増えているにもかかわらず過去から契約条件の見直しが行われていない場合等、M&Aを契機として取引条件の見直しの交渉が行える場合がある。
❹どのような効果が期待できるか？	• 売上原価に計上される直接材は、売上高（販売量、生産量）に連動して増減する変動費であるため、仕入単価の低減による効果は売上高が増加するほど大きくなる。

PMIGL：82ページ

[**Ⅴ**取り組む上での留意点]

- 安定的な調達を維持するためには、サプライヤーとの良好な関係性を維持することが望ましい。そのため、M&A成立後にサプライヤーとの取引改善の交渉を行うことは時期尚早である場合も多い。また、昨今では、原材料等の価格高騰や災害等による供給停止等のリスクも大きくなっているため、自社の安定的な事業運営のためにサプライヤーを維持・拡大していくことが望ましい。

- 中小企業では、サプライヤーの技術力や取引に関する情報が可視化、管理されていない場合も少なくない。特に重要な調達品目については、サプライヤー管理のための管理ツールやITシステムの導入を検討する。

 PMIGL：82ページ

 **Ⅵ 取組事例**

----

① **水平統合によりサプライヤーの増強に成功した事例**

Ｘ県で精密部品加工等を営むＡ社が、医療用器具製造業等の複数社を譲り受けた。情報共有を通じて、元々Ｘ県でしか買えなかった部材を、Ｙ県に所在する譲渡側のサプライヤーが提供できることが分かった。その結果、譲渡側の工場でも譲受側の製品を製造できるようになり、製品供給の早期化を実現できた。

 PMIGL：82ページ

c　在庫管理方法の見直し（❼）

売上原価シナジー創出のための比較的ソフトな手法の1つといえる。譲受側と譲渡側の共通認識を構築していくためには、「そもそも在庫とは何か」という基礎的な定義のところから詰めていく必要がある。

❶どのような取組か？	・譲渡側が保有する原材料、資材や商品等の在庫について、生産・販売活動に応じて**必要な量を、必要な場所へ、必要なときに供給できるように管理**する活動である。
❷どのような場合に有効性が高いか？	・定期的な実地棚卸を実施していない場合や帳簿と会計上の在庫の不一致が発生している場合等、譲渡側の在庫管理方法の見直しが必要になる場合がある。
❸どのように対応するか？	中小企業の在庫管理方法については、主に以下の観点からの見直しを検討する。 **1．在庫の定義を明確にする** ・在庫の定義は会社によって異なるため、正しく把握するために譲渡側における定義を確認する。特に、会計における棚卸資産に比べ、生産部門や調達部門等で使われている在庫の定義はあいまいであることが多い。 **2．帳簿と現品を一致させる** ・中小企業では、期中に在庫の実地棚卸が行われていない場合が多く、帳簿と現品の乖離が発生しやすい。月次で現品、在庫台帳、会計元帳を突き合わせる実地棚卸を行うことで、棚卸差異（現品と台帳の差異）の発生を早期に認識し、改善を図っていくことが望ましい。 **3．現品管理を徹底する** ・在庫の保管場所を定期的に確認し、現品の破損や紛失等が発生していないか把握する。また、保管効率や安全性の観点から、在庫の保管方法についても確認し、適宜改善する。
❹どのような効果	・在庫は、生産や商品仕入活動に伴って支出した現預

| が期待できるか？ | 金と同等と評価することができるため、**過剰在庫や滞留在庫の増加等を回避して適切な管理を行うことで、資金繰りの改善等**につながる。 |

📖 PMIGL：83ページ

[**Ⅴ取り組む上での留意点**]

• 事業サイクルから鑑みて在庫回転期間（※Point「在庫回転期間（在庫回転率）とは」を参照）が長くなっている場合には、過剰在庫や滞留在庫が発生している可能性があるため留意する。

• 中小企業の場合、在庫に関する情報が可視化されていない場合も多いため、現品の確認と併せて在庫に関する情報を収集できる仕組みを導入する。簡易的な在庫情報の収集は表計算ソフトでも対応可能だが、在庫管理の精度を高めるためには、製造指図や購買指図に関する情報、会計情報等と連動した在庫管理システムを導入することが望ましい。

📖 PMIGL：84ページ

Ⅵ 取組事例

----

① **バーコードによる在庫管理体制の構築に成功した事例**

• 計測機器を製造するＡ社が、その部品メーカーであるＢ社を譲り受けた。従来、Ｂ社は、資材を調達したとき、検品後は工場担当が出庫の都度メモに書き出し、翌日事務担当が表計算ソフ

トに入力していた。M&A後、検品時にバーコードを原材料に貼り付け、出庫の都度担当ごとに支給されたスマートフォンで読み取るというＡ社が採用する在庫管理システムを導入した。これにより、入力作業が軽減されるとともに、リアルタイムで在庫状況の把握が可能となり、必要資材が欠品することが減り、生産性の向上につながった。

 PMIGL：84ページ

 Point 在庫回転期間（在庫回転率）とは

在庫回転期間とは、商品を仕入れてから販売されるまでの期間を示す指標である。在庫回転期間が長いことは商品の入荷から出荷までのスピードが遅いことを示し、短いことはスピードが速いことを意味する。現在の在庫が何ヶ月分にあたるのかを把握することにより、在庫が過剰になっていないかを確認する。

在庫回転率は、一定期間内に在庫が何回入れ替わったかを示す指標である。在庫回転率は高いほど在庫の入れ替わりが早い売れ筋で、低いと同じ在庫が売れずに滞留し続けていることを意味する。

【計算式】
- 在庫回転期間（月）＝棚卸資産÷（売上原価※÷12か月）
- 在庫回転率（回）＝売上原価※÷棚卸資産

※売上原価ではなく売上高を使用する場合もある

 PMIGL：84ページ

㈹ 経営資源の共通化・統廃合による売上原価シナジー

ここで取り上げるのは、「譲受側と譲渡側において重複する経営資源を共通化・統廃合することによる合理化や、譲渡側の経営資源の高度化を通じて、譲受側・譲渡側における売上原価の削減を実現するための取組」である。代表的なシナジー効果のうち「相対的に難易度が高い項目」とされている。

前述の「㈼ 改善による売上原価シナジー」よりも、さらに一歩踏み込んだ取組であるといえる。水平統合の場合に発揮しやすい傾向がある。ただし、共同調達であれ、生産体制の見直しであれ、譲受側・譲渡側間において一定の共通要素が必要となるため、部品や生産工程の標準化等のためのコストを要することもある。その点の精査を怠ったり誤ったりすると、当初の想定を超える追加コストがシナジーを帳消しにするリスクもあるため、注意を要する。

a 共同調達（❽）

売上原価シナジー創出のための踏み込んだ手法の1つといえる。比較的わかりやすい手法ではあるが、原材料や部品は事業者ごとに細かく異なる点もあるため、共同調達を実施する際には、譲受側・譲渡側間において多くの点での調整が必要になることもある。

❶どのような取組か？	・譲受側・譲渡側で重複して仕入・購買を行っている品目を共同で調達することで、価格交渉力の強化やボリュームディスカウントにより、**仕入・購買先に対して調達単価の引下げ等の交渉**を実施する活動である。
❷どのような場合に有効性が高いか？	・直接材の調達と、間接材の調達に分類される。直接材については、主に水平統合等で譲受側・譲渡側が提供する製品・商品の共通性が高い場合に有効である。間接材は、譲受側・譲渡側の業種や事業にかか

	わらず共通する場合が多く、求める仕様等の制約が少ないことから調達の集約が比較的実施しやすく有効性が高い。
ⓘどのように対応するか？	• 共同調達が適切に実施されるためには、ルール・仕組みを整備しておく。 １．発注担当や窓口の一本化 ２．発注権限と社内承認プロセスの明確化 ３．仕入・購買管理の仕組みの導入
ⓘどのような効果が期待できるか？	• 直接材は、売上高（販売量、生産量）に連動して増減する変動費であるため、仕入単価の低減による効果は売上高が増加するほど大きくなる。一方、間接材は売上高の増減とは関係なく発生する固定費であるため、削減額と同額が営業利益の改善額となる。

PMIGL：85ページ

[ⓥ取り組む上での留意点]

• 中小企業では、譲渡側と部品や材料の調達を集約してもボリュームディスカウントに必要な規模に達しない場合も多い。調達の集約効果を高めるためには、譲受側・譲渡側において部品・材料を共通化し、発注量を大きくできるように設計・仕様を変更するなどの可能性を検討し、可能な限り部品・材料の品目点数を減らすことが有効である。

• 直接材の共同調達において、製品・商品の仕様・性能等へ大きな影響を与える品目の調達先の変更を伴う場合は、安定調達や調達におけるQCDへの影響を考慮する。

• 発注実績を管理するためのツールやITシステムを導入しておくことで定期的にモニタリングができるようにしておくことが望ましい。特に間接材は、１回の発注あたり金額が少ないこともあり、発注内容（発注先・金額・頻度・条件等）、発注量（数

量・金額等）等が管理されていない場合も少なくない。

📖 PMIGL：86ページ

 取組事例

① **水平統合により共同購入に成功した事例（素材加工業の場合）**
- 素材 a の加工を手掛ける A 社が、素材 b の加工を手掛ける B 社を譲り受けた。双方の材料を取り扱う商社から A 社 B 社ともに仕入を行うことで、ボリュームディスカウントを実現した。

② **水平統合により共同購入に成功した事例（飲食業の場合）**
- 外食チェーンである A 社が、他の外食チェーンである B 社を譲り受けた。A 社と B 社が取り扱う飲料メーカーや食材卸等は異なっていたが、既存の仕入先との関係性を考慮しながら、原価構成の高いものから統一をしていき、原価低減を実現した。

📖 PMIGL：86ページ

b **生産体制の見直し（❾）**

売上原価シナジー創出のための踏み込んだ手法の１つといえる。比較的わかりやすい手法ではあるが、生産工程や生産ラインは事業者ごとに細かく異なる点もあるため、生産設備の見直しや生産拠点の統廃合を実施する際には、譲受側・譲渡側間において多くの点での調整が必要になることもある。

❶どのような取組か？	• 譲受側・譲渡側における生産体制を見直すことにより、**生産能力の強化や製造コストの低減による生産性向上を実現するための活動である。主に①生産設備の見直しと、②生産拠点の統廃合**が挙げられる。 ① 譲渡側の生産ラインにおける設備の状況に応じ、生産機能の維持、生産能力の改善・機能強化や廃棄等の必要な対応を実施すると共に、双方で重複する生産工程や生産設備の合理化を進めることによって、生産性改善や製造コスト削減を実現する（**生産設備の見直し**）。 ② 生産拠点にかかる施設の賃料や光熱費、メンテナンス費といったランニングコスト等の固定費（売上原価）の削減効果を得るため、譲受側・譲渡側の生産拠点を集約させる。また、両社の生産機能の集約と併せて工場の拡張を図るなど、生産能力の増強を狙って行われることもある（**生産拠点の統廃合**）。
❷どのような場合に有効性が高いか？	• 譲渡側において生産設備に起因する不良、遅延、キャパシティの制約等が生じている場合や、譲受側と譲渡側において同じ工程で生産可能な製品を手掛けている場合、生産工程が重複しており拠点を集約することで横持ち配送等を削減できる場合等に有効となる可能性がある。
❸シナジー実現のための前提は？	• 譲受側・譲渡側において生産機能が統合されることに伴い、両社の生産管理・工程管理を統一しておくことが前提となる。また、工程の集約において、同一工程であっても、作業内容が両社で異なっている場合は混乱が予想されるため、作業レベルの標準化が必要になることもある。
❹どのような効果が期待できるか？	• 譲受側・譲渡側一体で生産体制を見直すことで**生産拠点・設備にかかる投資やコストを適正化**すると共に、生産機能の維持・強化を実現し、**安定的かつ生産性の高い生産体制**を構築することが可能になる。

📖 PMIGL：87ページ

[**ⓥ取り組む上での留意点**]

- 譲渡側において、生産体制に関する情報が可視化されていない場合も多い。主に下記の項目については、定量的に把握できるようにツールやITシステム（生産管理システム等）を整備しておくことが望ましい。

> ①　設備・作業者・作業内容（どの工程か、誰が・何を・どうやって作っているか）
> ②　各設備の生産量等の生産能力に関する情報
> ③　各設備の稼働率、不良率、遅延等の発生状況

- 譲渡側の中には、生産設備投資を行う資金的余裕がない場合も多く、過去に必要な修繕や更新にかかる投資が実施されていない場合が想定される。生産設備の状態、及び今後必要になる投資等については、現物確認と共にヒアリング等で確認しておく。

- 生産拠点を廃止する際、生産拠点が賃貸物件である場合には解約予告時期によって違約金が発生することもあるため、賃貸人との間の契約内容を確認しておく（DDの際に確認しておくことが望ましい）。また、製造工程によっては土壌汚染等の対策が必要になることもあるため、事前に確認する（化学工場、クリーニング工場等）。

- 生産拠点の移転に伴う仕入先、外注業者等の関係者への周知やHP等公開情報の更新を忘れずに実施する。また、製造業等において、最終メーカーとの間でサプライチェーンの認証を受けている場合には、生産拠点の統廃合において再認証が必要になることもあるため注意する。

- 生産拠点統廃合は、作業員等の勤務地の変更を伴う場合等、勤

務条件が不利になることも想定される。事前の説明と理解醸成
に留意し、合意を取得しておくことが望ましい。

📖 PMIGL：88ページ

 取組事例

① **水平統合による設備の共同利用に成功した事例**
• X県で鉄リサイクル業を営むＡ社が、Ｙ県の同業のＢ社を取得。
  Ｂ社の仕入ルートはＡ社にない魅力的なものであったが、解体・
  加工する設備はＡ社の方の処理能力が高かったため、両社の強
  みを活かして、仕入ルート増加とともに、生産効率の向上を実
  現した。

📖 PMIGL：88ページ

▶▶ 販管費シナジー

　以下では、コストシナジーのうち、販管費シナジーについて説明
する。

㋕　改善による販管費シナジー
　ここで取り上げるのは、「譲受側が、譲渡側の間接業務の改善を
支援することで、譲渡側の販管費の削減を実現するための取組」で
ある。代表的なシナジー効果のうち「相対的に取り組みやすい項目」
とされている。

a 広告宣伝・販促活動の見直し（❿）

　販管費シナジー創出のための比較的ソフトな手法の１つといえる。各広告宣伝・販売活動が売上との間にどのような因果関係を有しているかは定量的に計測しがたい場合もあるものの、一定の可視化を試みることが望ましい。

❶どのような取組か？	・譲渡側の広告宣伝や販売促進に関する個別の活動について、その目的を明確化し、費用対効果の観点から実施可否を判断することにより、**広告宣伝・販売促進費の総額を適切な水準に抑える**ための活動である。
❷どのような場合に有効性が高いか？	・売上高に対する広告宣伝・販促活動にかかるコストの比率が同業他社と比べて高い場合や、毎年の予算が固定化しており売上高の増減と連動していない場合等に有効な可能性がある。
❸どのようなパターンがあるか？	・会社名や商品名を宣伝することを目的として行う活動（広告宣伝）と、製品・サービス等の販売促進を目的として行う活動（販売促進）の２つがある。いずれも、活動単位で実施内容（目的、想定効果等）、発注内容（発注先、支払額等）を可視化し、継続・廃止・見直し等を判断する。
❹どのような効果が期待できるか？	・目的と効果の観点から活動を見直すことで**予算総額を抑制し、コスト削減**を実現する。

 PMIGL：89ページ

[❺取り組む上での留意点]
・中小企業では、広告宣伝・販売促進活動に対する管理が適切に行われていない場合もあるため、特に下記のような観点から譲渡側の広告宣伝・販売促進活動を確認する。
　　① 各活動の実施可否についての判断基準や発注権限が曖昧

になっていないか
② 　特定の業者への発注が固定化しており、発注先の比較購買が行われているか
③ 　見積もりが一式表示されており、活動の中身がブラックボックス化していないか
④ 　活動の実施結果についての振り返りがなされているか
- 広告宣伝・販売促進活動は、経営者の目が届きにくく、放っておくと増加する傾向がある。そのため、発注権限の明確化、発注書の導入、相見積の必須化等、継続的に規律をかけていくことを仕組み化しておく。

PMIGL：90ページ

Ⅵ　取組事例

① 　譲渡側と譲受側の宣伝広告媒体の共通化に成功した事例

- 譲渡側のＡ社が独自で作成していた社名入りカレンダーを、譲受側Ｂ社グループの連名式のカレンダーとして統一。これにより、広告費の削減に貢献し、加えてカレンダーにＡ社のサービスも記載したところ、他のグループ会社の顧客からも業務依頼が来るようになった。

② 　M&Aを機にウェブを活用した広告展開に成功した事例

- Ｘ県で家具の小売店を営むＡ社が、Ｙ県に所在する同業のＢ社を譲り受けた。Ｂ社は主に新聞折り込みチラシを中心とした広告を展開していたが、グループに参画後、Ａ社が有するウェブ広告の手法も取り入れた。これにより、潜在顧客のニーズや興味を示す広告方法に関するデータが取得しやすくなり、結果と

して売上増加と広告費の圧縮を実現した。

📖 PMIGL：90ページ

b 間接業務の見直し（⓫）

　販管費シナジー創出のための比較的ソフトな手法の１つといえる。通常業務の負担軽減により、PMI推進体制を増強しやすくなるという効果もあると思われる。

❶どのような取組か？	• 譲渡側の業務内容を見直すことにより、**間接業務におけるミスの低減等の質的改善（ミスの低減、業務品質の向上）、量的改善（業務効率化、業務時間短縮）**を実現するための活動である。
❷どのような場合に有効性が高いか？	• 経営者への報告業務や、各部門間における調整業務等、間接業務において、重複作業、目的が曖昧な報告資料や各部門から異なるフォーマットで提出される報告資料等が多数見られるなど、業務の非効率が発生している場合に有効である。
❸シナジー実現のための前提は？	• 間接業務が可視化されていることが前提となる。まずは各担当者へのヒアリングを通じて譲渡側の間接業務の棚卸を行い、業務ごとに担当、業務発生時期・頻度、業務にかけている時間等を把握する。その上で、特に無駄や非効率が発生している業務を特定し、以下の４つの観点（排除、統合、入れ替え・代替、簡素化）から順番に見直しの方針を検討していくことで、無駄な業務を減らして仕事の効率化を図る。

E Eliminate なくせないか（排除）	C Combine 一緒にできないか（統合）	R Rearrange 順番を入れ替えられないか（入れ替え・代替）	S Simplify シンプルにできないか（簡素化）
✓目的が不明確な報告資料の廃止 ✓重複している業務の廃止	✓バラバラに作成している資料の統合 ✓分業している作業の集約	✓工程順や作業順の入れ替え、業務移管	✓報告フォーマットの簡素化 ✓ツールを活用した業務の標準化、自動化

Ⅳどのような効果が期待できるか？	• 間接業務における無駄や非効率を解消することで、**従業員の残業時間短縮や業務品質の向上**を実現する。特にPMIプロセスでは、譲受側に対する報告業務、各種帳票や契約の変更手続等、譲渡側従業員には通常業務に加えて大きな業務負荷がかかることが想定される。**PMIにおける取組を円滑に進めるために、通常業務の業務負荷を可能な限り軽減することを意識すること**が望ましい。また、従業員が日頃から問題意識を持っている業務上の課題に早期に対応することは、PMIの取組に対して従業員から協力を得る上でも重要である。

 PMIGL：91ページ

[**Ⅴ**取り組む上での留意点]

• 中小企業では、業務が属人化していることも少なくなく、誰が、何を、どのくらい（業務量）、どのように（方法）実施しているか把握することが難しい。一般的に、業務の見直しは以下の手順で実施する。

    ① 業務の実態把握

      • 業務の棚卸

      • 業務分担表の作成

      • 業務量調査

    ② 改善対象業務の特定

    ③ 改善案の作成

    ④ 改善案の実施・検証

• 間接業務のうち、標準化可能な定型業務等については、ITシステムを活用することにより業務効率の改善につながることがある。

• ただし、ITシステムを導入する際は、システムの運用に合わせて自社の業務を標準化するなど、システムに合わせて業務の

見直しを図ることが望ましい。

PMIGL：92ページ

⑥ 取組事例

① **システム導入により日報作成の効率化等に成功した事例**
- 土木工事業を営むＡ社が、他エリアで鉄骨工事業を営むＢ社を譲り受けた。従来Ｂ社の従業員は、作業日報等を帰社して手書きで記述していたが、外出先でもスマートフォンで記載できるシステムを導入することで、日報作成の効率化と残業時間削減を実現できた。
② **ソフトウェアの導入により、重複データの入力を排除して効率化に成功した事例**
- 配管工事業を営むＡ社が、他の専門工事業を営むＢ社を譲り受けた。Ｂ社は、工事に要した原価情報を会計システムに入力するとともに、別途表計算ソフトにて個別の工事ごとに要した原価の集計を行っていた。統合後、Ａ社が利用していた汎用的な会計システムとこれに連携可能な工事原価ソフトを導入することにより、入力作業の効率化と迅速化を同時達成することができた。

PMIGL：92ページ

(カ) 経営資源の共通化・統廃合による販管費シナジー
ここで取り上げるのは、「譲受側と譲渡側間において、間接業務

や事業用資産等の共通化・統廃合を実施することにより、譲受側・譲渡側における販管費の削減を実現するための取組」である。代表的なシナジー効果のうち「相対的に難易度が高い項目」とされている。

物流や各種拠点の抜本的な変更や統廃合等を伴うことから、前述の「(ｵ) 改善による販管費シナジー」よりも、さらに一歩踏み込んだ取組であるといえる。

a 共同配送（❷）

販管費シナジー創出のための踏み込んだ手法の1つといえる。

既存顧客の配送先についてあらかじめ調査した上で、同一又は近接エリアの配送先が多いようであれば、シナジーが大きいものと思われる。取組事例のように水平統合の場合に発揮しやすい傾向がある。

❶どのような取組か？	・譲受側・譲渡側で同一又は近接エリアへの既存顧客に対して配送を行っている場合等に、**物流事業者を共通化して荷物を集約することによって荷物ひとつあたりの物流費の低減**を実現するための活動である。
❷どのような場合に有効性が高いか？	・主に水平統合において、譲受側・譲渡側の配送先が重複している場合や、両社の配送先に地理的近接性が高い場合に有効性が高い。
❸シナジー実現のための前提は？	・物流事業者との契約により、配送料がタリフ（従量制による料金表）に基づく契約になっている場合等は、譲受側・譲渡側の荷物を集約することによって運賃を低減できる可能性がある。
❹どのような効果が期待できるか？	・一般に、物流費は荷物量に応じて変動する変動費の性格を持つ費用であるため、荷物量が増加するほど利益への改善効果が大きくなる。特に、売上高に対

| | する物流費の比率が高い製造業や小売業等では、他の業種と比較して改善効果は大きい。 |

📖 PMIGL：93ページ

[🄥取り組む上での留意点]
- 物流事業者との運賃等の取り決めや交渉にあたっては、自社の配送先情報や時間制約等の情報も重要な要素となる。検討においては、譲渡側におけるこれらの情報を把握しておくことが求められる。

📖 PMIGL：93ページ

 🄦 取組事例

- -

① 水平統合により共同配送を実現した事例
- 衣服の卸売業を営むA社が、同業のB社を譲り受けた。各々X県とY県の倉庫を有しており、倉庫のキャパシティより統合は困難と判断した。しかし、X県とY県への運送を共同便にすることは実現できたため、輸送コストの圧縮を実現できた。

📖 PMIGL：93ページ

b 管理機能の集約（❸）
　販管費シナジー創出のための踏み込んだ手法の1つといえる。
　後述の管理機能に関わる場面ではあるものの、あくまでシナジー創出という観点から整理し、ここに位置付けている。

なお、販管費シナジーとは別の話であるが、「本社オフィスの統合は賃料削減以上に買い手企業・被買収企業両者の社員が同じ場所でフェイス・トゥ・フェイスで働くことの効果が大きい[31]」という指摘もなされている。

❶どのような取組か？	・譲渡側の管理機能の一部又は全部を譲受側に集約することにより、**譲受側・譲渡側全体で業務効率を改善し、管理機能の生産性向上を実現するための活動**である。また、**譲渡側において不足している管理機能を譲受側が補完・代替することにより、譲渡側の事業運営を支援**することもある。
❷どのような場合に有効性が高いか？	・譲受側・譲渡側で重複している定型業務、（人員不足等により）譲渡側が単独で遂行することが困難な業務等が対象になりやすい。
❸シナジー実現のための前提は？	・譲渡側の業務の目的（成果物等）、業務内容（頻度、業務量）、業務プロセス、必要情報・使用ツール等、業務遂行における基本的な情報を把握することが前提となる。また、当該業務を譲受側に集約した場合の譲受側の業務量と対応体制、譲渡側におけるその他の業務への影響等を十分考慮して実施可否を判断する。
❹どのような効果が期待できるか？	・譲渡側の管理機能を譲受側に集約することにより、**譲受側・譲渡側一体で業務負荷の軽減、業務負荷の平準化**、譲受側の業務水準に合わせることによる**業務品質の向上**等の効果が期待される。また、譲渡側が経理、労務等の管理業務を外部に委託している場合、譲受側が当該業務を引き継ぐことで**業務委託費等の削減**につながる可能性もある。

📖 PMIGL：94ページ

31　前田絵理ほか「企業買収後の統合プロセス　すらすら読めるPMI入門」（中央経済社、2014年）185ページ。なお、この点については「３　オフィスの決定」（同297〜298ページ）等も参考になる。

- 管理機能の集約において、従業員の勤務地の変更を伴う場合には、従業員にとって勤務条件が不利になることも想定される。事前の説明と理解醸成に留意し、合意を取得しておくことが望ましい。
- 譲受側・譲渡側における業務の集約を契機として、ITツール等の活用による標準化可能な定型業務の自動化や、アウトソース等について検討することも有効である。

PMIGL：94ページ

📝 ⅵ 取組事例

① **譲渡側の管理機能（会計・財務分野）を譲受側に集約することに成功した事例**

- M&Aで複数社を譲り受けたＡ社は、子会社の管理機能（会計・財務分野）を、親会社であるＡ社に集約。日々の入出金入力等は子会社で行うが、決算等はＡ社が行うこととした。これにより、子会社の経理担当を最小化することができ、また決算の早期化にも貢献した。

② **譲渡側の管理機能（法務分野）を譲受側に集約することに成功した事例**

- 古物商を営むＡ社は、同業他社を複数社譲り受けた。各社ともに古物商免許以外にも許認可を有していたが、その管理を親会社であるＡ社に移管。これにより、子会社において法務担当を配置する必要がなくなり、また許認可の更新等の対応漏れが削

減できた。

③ 譲渡側の管理機能（人事・労務分野）を譲受側に集約することに成功した事例

- 複数の事業を展開するＡ社が、鉄骨工事業を営むＢ社を譲り受けた。Ｂ社は、各種求人媒体を通じて継続的に採用活動を行っていたが、なかなか適した人材を採用することができなかった。M&A後、Ａ社グループ全体としての採用活動に参加することになり、採用活動費の圧縮ができ、かつ、Ａ社の知名度からＢ社に適した人材を採用することができた。

 PMIGL：95ページ

c　販売拠点の統廃合（⓮）

販管費シナジー創出のための踏み込んだ手法の１つといえる。

拠点統廃合の際に人員削減を試みることもあると思われるが、純粋に拠点統廃合の事実のみをもって解雇の正当性を裏付けることは通常困難と思われるため、慎重に検討する必要がある。

❶どのような取組か？	・譲受側・譲渡側の統合に伴って同一エリア内における営業体制の重複等の非効率を改善することにより、**営業活動における業務効率化、拠点関連費用の削減を実現する**活動である。
❷どのような場合に有効性が高いか？	・同地域、同営業エリア内に営業・販売拠点が近接しており相互に営業エリアが重複している場合、各拠点において営業事務等の間接人員の不足や拠点間における業務負荷の偏りが発生している場合等に有効性が高い。
❸どのように対応するか？	・譲渡側（又は譲受側）の販売拠点を廃止し、**譲受側（又は譲渡側）の販売拠点に集約する**場合と、既存

	拠点を廃止し新たに設置した販売拠点に集約する場合の2つがある。
ⅳどのような効果が期待できるか？	・販売拠点の統廃合により、主に以下のシナジー効果が想定される。 ① 拠点廃止による**拠点関連費用の削減**（賃料、光熱費、メンテナンス費等の削減） ② 営業事務等の間接人員の集約による**業務平準化**（営業事務員の残業削減等） ③ 拠点廃止により捻出した**人員をリソースが不足している拠点へ移転**させることによる営業効率の改善

 PMIGL：95～96ページ

[**ⅴ**取り組む上での留意点]

・拠点が賃貸物件である場合、解約予告時期によって違約金が発生する場合もあるため、賃貸人との間の契約内容を確認しておく（DDの際に確認しておくことが望ましい）。

・販売拠点の移転に伴う顧客等の関係者への周知やHP等公開情報の更新を忘れずに実施する。

・拠点統廃合は、拠点従業員の勤務地の変更を伴う場合等、勤務条件が不利になることも想定される。事前の説明と理解醸成に留意し、合意を取得しておくことが望ましい。

・販売拠点の集約により、営業担当の移動距離が長くなることで１日あたりの訪問件数が減少する、移動に伴う経費が増加するなどの非効率が発生することがある。拠点統合後の顧客のエリア分布状況や営業担当の移動距離等を考慮し、必要に応じて顧客に対する営業担当の割り振りを見直すことも併せて検討する。

PMIGL：96ページ

Ⅵ 取組事例

① **販売拠点の統合により営業担当の連携強化に成功した事例**
- 食品卸を営むＡ社が、総菜事業を営むＢ社と洋菓子製造販売の
  Ｃ社を譲り受けた。M&Aを実施した半年後に、営業拠点を交
  通の便が良い都市に集約。その結果、各社の営業担当の関係性
  が強固になり、情報共有と新たな営業施策の立案が活発に行わ
  れるようになった。

② **販売拠点の統合により譲渡側の営業担当の意識改革に成功し
  た事例**
- 資材のレンタル業を営むＡ社が、他の商材をレンタルしている
  Ｂ社を譲り受けた。M&A実施後、Ａ社とＢ社の本社屋を隣接
  させ、Ａ社の営業ノウハウや管理方法をＢ社にも少しずつ浸透
  させた。その結果、Ｂ社の営業担当の意識改革が進み、顧客先
  への訪問方法も変化が生まれ、M&A実施前よりもＢ社の売上
  が増加した。

PMIGL：96ページ

② 管理機能

　ここでは「譲渡側の事業を支える管理機能の実態を把握し改善を
進めることで、譲渡側の経営基盤を確立する」ことについて解説す
る。各分野の説明の前に、管理機能の概要について、(A)取組のゴー
ル、(B)管理機能の構成、(C)取組ステップという観点から説明する。
　(A)取組のゴールは、以下の２点である。
　譲渡側単体だけでなく、グループ全体まで視野に入れている。

① 譲受側・譲渡側が共通して保有する管理機能（人事・労務、会計・財務等）について、譲渡側の実態を把握し、必要に応じて改善を図る。

② 譲受側・譲渡側における管理機能の連携を図ることで、グループ全体の経営基盤を整備・強化する。

 PMIGL：97ページ

⒝管理機能の構成は、以下のとおりである。

①人事・労務分野、②会計・財務分野、③法務分野のほか、④ITシステム分野も並列的に記載されているが、実際は④IT分野は事業機能に限らず他分野（①〜③）の管理機能の基盤となる分野でもあるため、若干異質であるといえる（図表4 -21）。

全ての取組に対応することは困難であるため、譲渡側におけるリスクの大きさや課題の重要性、緊急性、実行可能性等の観点から取組の優先度を判断する。

必要に応じて弁護士、税理士、公認会計士や社会保険労務士等の支援機関の支援を得ることが望ましい。

PMIGL：97ページ

▶ 図表 4 -21

管理機能	概要	参照
① 人事・労務分野	1. 人事・労務関係の法令遵守等 2. 人事・労務関係の内部規程類等の整備状況やその内容の適正性 3. 従業員との個別の労働契約関係等の適正性 4. 人材配置の最適化	P.100
② 会計・財務分野	1. 会計・財務関係の処理の適正性 2. 譲受側・譲渡側間の会計・財務手続の連携 3. 業績等の管理 4. 金融費用の削減	P.106
③ 法務分野	1. 法令遵守等 2. 会社組織等に関する内部規程類等の整備状況やその内容の適正性 3. 契約関係を含む外部関係者との関係の適正性	P.111
④ ITシステム分野	1. ライセンス等違反の抑止 2. 情報セキュリティ対策 3. ITシステム管理方針の明確化	P.119

（★PMIGL内のページ）

 PMIGL：97ページ

(C)以下では、各時期における取組ステップについて説明する。

まずはM&A成立までに十分な現状把握を行うことが重要である。

1 　M&A初期検討

2 　"プレ"PMI（M&A成立まで）

● 現状把握①（譲渡側の管理機能に関する情報収集、事前検討）

・譲渡側の管理機能（人事・労務、会計・財務、法務等）については、DD等を実施し、管理機能に関する情報収集や事前検討を実施する。

・特に重要なことは、DD等を通じて各機能における問題点が判

明したときに、それが**M&Aの実行、及びその後のPMIにどのような影響を与え得るのか把握すること**である。判明した課題やリスク、及びこれに関する現実的な対応策について、可能な限り事前に整理する。

📖 PMIGL：98ページ

現状把握に関してはDDが特に重要である。ただし、以下のPointでは、DD報告書を伴う正式なDDを行わない場合でも、支援機関による簡易な調査を行うことが望ましいという点が明記されており、現状把握における支援機関の重要性が強調されている。

▶Point DDにおける支援機関の活用

必要に応じて、弁護士、税理士、公認会計士や社会保険労務士等の支援機関に依頼することが考えられる。また、コスト等の観点からDDを依頼しない場合でも、DD報告書の作成を不要とするなどといった簡易な調査を依頼し、可能な限り各領域に関する課題やリスクを把握しておくことが望ましい。

📖 PMIGL：98ページ

以上のとおりM&A成立前の現状把握は重要ではあるが、M&A成立以後にも現状把握は必要であり、その結果を踏まえて統合方針を策定し、行動計画を策定・実行・検証していくことが必要である。

なお、実は譲受側自身にとっても、PMIにおける現状把握は、

自社の状態を見直すちょうど良い機会であるという面もあるため、その意味で譲受側自身における現状把握も重要といえる。

3　PMI（M&A成立後）

●現状把握②（譲渡側の課題やリスクの詳細把握）

- DD等の時点において認識していた譲渡側の課題やリスクについて確認する。
- 譲渡側の経営者や従業員（DD等において接点のなかった者を含む。）へのヒアリング、各種経営管理帳票等の精査等により、把握する。

> **現状把握における留意事項**
>
> DD等は、あくまでもM&Aプロセス中の限られた期間内に、可能な範囲で収集した資料に基づき一定の対象範囲について調査するものであるため、必ずしも譲渡側の全ての課題やリスクを把握できるとは限らないという点には注意が必要である。特に、譲渡側の経営者と従業員との口頭での約束等、DD等の時点において書面等の資料のみでは把握できない事実が存在することがある。

●統合方針の策定

- 現状把握を踏まえ、各領域において検討すべきテーマのどの事項に優先的に対応するか方針を策定する。

現状把握により把握された課題やリスクは広範にわたることもあるが、中小企業の人員や資金面での経営資源には制約があることから、全ての課題やリスクに一度に対応することは必ずしも現実的ではない。このため、M&Aの目的を実現する上での重要性、リスクや課題の重要性・緊急性・実行可能性等の観点から、取組の優先度を判断する必要がある。

● 行動計画の策定
- それぞれの事項について、**誰が、いつまでに、何を実行するか行動計画に落とし込む。**
- 実際のPMIでは、その実情に応じて、当該取組を実施する必要がない場合や、逆により詳細に実施する必要がある場合、追加的な取組を実施する必要がある場合等があることに留意する必要がある。

● 行動計画の実行・検証
- 行動計画を順次実行する。
- また、**定期的に進捗状況を確認し、必要に応じて取組の見直しを図る。**
- 譲受側・譲渡側の関係性や外部環境等を考慮して、実行の要否や時期を再検討することもある。

PMIGL：98〜99ページ

　PMI（集中実施期）までの取組で終わらず、継続的にPDCAサイクルを回していくことが必要である。

4 　"ポスト" PMI

M&A成立後の集中実施期における取組の結果を踏まえ、次の目標（次期会計年度等）に向けて**PMI取組方針の見直し**を行い、**継続的にPDCA**を実行する。

PMIGL：99ページ

　なお、PMIプロセスにおいて、支援機関の関わり方は案件や譲受側のニーズ次第で様々であるが、必要に応じて支援機関を活用することは有意義であると思われる。

> **Point**　**PMIプロセスの実行段階における支援機関の活用**
>
> 譲受側がM&A・PMIに関する知見や経験が豊富である場合には、その担当者等が有する自社の現状に関する認識や自らの知見に基づき統合実行すれば足りるケースもある。しかし、譲受側がM&A・PMIに不慣れであり、M&A・PMIに関する知見や経験が乏しい場合等には、必要に応じて中小M&A・PMIや各領域に精通した支援機関に相談しながら、統合方針の策定や、行動計画の策定、実行・検証を進めることが望ましい。

PMIGL：99ページ

 分野ごとの整理

　以下では、管理機能を4つの分野に分類した上で、それぞれについて説明する。

㋐　人事・労務分野[32]

ここでは「譲渡側における人事・労務の課題やリスクに適切に対応するとともに、適切な人材管理、人材活用に向けた基盤を作る」ことについて解説する。(A)取組のゴール、(B)具体的な取組という観点から説明する。

(A)取組のゴールは、以下の4点である。

---

① 　人事・労務関係の法令遵守等が不十分な状況にある場合には、これを是正し、法令遵守等を徹底する。
② 　譲受側・譲渡側の双方の従業員等が納得できる人事・労務関係の内部規程類等を整備し、これを徹底する。
③ 　従業員との個別の労働契約関係等の不備を是正し、更に改善を行う。
④ 　譲受側・譲渡側間での組織や人事配置の見直し、人材配置の最適化を行う。

×失敗例
■人事・労務関係の重大な法令違反があったことが判明し、また社外に知れ渡ったことで、譲受側・譲渡側の評判が大きく下落した。

32 　前掲「企業買収後の統合プロセス　すらすら読めるPMI入門」190ページでは、「人事制度は企業の文化や価値観を強く反映しているため、人事制度の統合は、『M&A後の両社の融合』という観点で非常に重要な意味合いを持つ。特に人事制度の根幹の1つである報酬制度、評価制度は従業員がM&Aによる変化を最も身近に感じる部分であり、M&Aに対する印象を決定づける要素と言える」という指摘がなされている。

■譲渡側の従業員が不満を感じていた賃金体系や人事評価が
M&A後もそのまま維持されたため、多くの従業員が期待を裏
切られたと感じて一斉に離職した。
■これまで未払であった賃金や、未消化の有給休暇への対処が
M&A後もうやむやにされたため、キーパーソンである従業員
が離職した。

📖 PMIGL：100ページ

(B)具体的な取組は、大きく分けて以下の４種類である。

a　人事・労務関係の法令遵守等

不備の是正という側面が大きく、そもそもM&A成立前に是正し
ておくのが望ましい（PMIではない）と評価され得る事項もいく
つか含まれていると思われる。この点は、本ガイドラインが要対応
事項を広めにカバーしていることの表れである。

▌労働条件通知書や労使協定等に関する不備への対応	・労働条件通知書の未交付等の事実がある場合には、労働基準法（第15条第１項）違反等のおそれがあるため、**労働条件通知書の交付等**を速やかに行う。 ・時間外・休日労働に関する労使協定（いわゆる36協定）をはじめとする労使協定等について不備がある場合には、労働基準法（第36条）違反等のおそれがあるため、所轄労働基準監督署への照会や、譲渡側の担当者がこれまで行ってきた手続の確認を適宜行いながら、**適正な労使協定の締結や所轄労働基準監督署への届出等**を速やかに行う。 ・労働時間等、労働の実態が労働条件通知書や労使協

	定等の記載内容に違反したものとなっている場合には、**労働時間の是正等**を速やかに行う。
▌社会保険や労働保険に関する不備への対応	• 譲渡側において必要な**社会保険や労働保険への加入**が未了の場合等には、健康保険法、厚生年金保険法や、労働者災害補償保険法、雇用保険法等に違反するおそれがあるため、新規加入を含めて速やかに対応する。 • また、譲渡側において個別の従業員（一定の短時間労働者を含む。）について必要な被保険者資格取得届の所轄官公署への提出が未了の場合等には、当該**資格取得届の提出等**を速やかに行う。
▌労働組合との事前協議等に関する不備への対応	• 譲渡側に労働組合があるときに、労働協約において**労働組合への事前協議**が必要とされている事項（個々の労働協約による。例えば、人事異動、懲戒処分、解雇や組織再編等。）についての事前協議が未了である場合には、当該労働組合との協調に向けて速やかに対応する。
▌職場環境等に関する不備への対応	• 譲渡側において安全衛生管理体制に不備がある場合には、労働安全衛生法等に違反するおそれがあるため、適正な**安全衛生管理体制の整備等**に向けて速やかに対応する。 • **労働災害や各種ハラスメント（パワハラ、セクハラ、マタハラ）、解雇を含む退職、労働紛争等**といった課題がある場合には、必要に応じて速やかに対応する。
▌人事・労務関係の法令遵守等に関する姿勢の徹底	• ここまでで例示した人事・労務関係の法令遵守等に関する取組等を踏まえて、M&A成立後の人事・労務関係の法令遵守等を徹底できるよう、担当者に対する**研修その他の教育や、社内でのノウハウの蓄積等**を進める。

 PMIGL：101〜102ページ

b　人事・労務関係の内部規程類等の整備状況やその内容の適
　　正性

　会社全体のルールである内部規程類等を中心に説明している。制
度や仕組みの内容自体はもちろん重要であるが、それを、時期を含
めいかに実現していくかという点について、人事・労務関係である
がゆえにセンシティブな事項であるということを念頭に置きながら
検討する必要がある。

■ 人事・労務関係の内部規程類等の見直し	・譲渡側の就業規則（労働基準法第89条等）をはじめとする**人事・労務関係の内部規程類等**について、等級、賃金体系、労働時間管理、人事評価、人事配置、福利厚生、採用、従業員教育（研修）、安全衛生管理、ハラスメント防止、退職金等に関する**制度や仕組みの変更（直近の法令改正に合わせた改訂を含む。）・統合等**といった見直しを適宜行う。必要に応じて、譲受側の見直しを行うこともあり得る。 ・ただし、人事・労務に関する制度や仕組みは従業員にとって直接的な影響があり、特に**労働条件の不利益変更を伴う場合等**、機微に触れる部分であるため、そもそも譲渡側と譲受側の間で整合性や一貫性を保つことの要否、変更・統合等の時期を含め、慎重に検討する必要がある。譲渡側の賃金体系や退職金といった労働条件について、M&A成立後の一定期間は現状の水準を維持する旨を合意することもある。
■ 人事・労務関係の内部規程類等の徹底	・整備された新しい人事・労務関係の内部規程類等の内容や枠組みについて、譲渡側の**役職員への周知・教育**を行う。その際には、一方的な通知にとどまらず、役職員が十分に理解できるよう説明会や個別説明等を実施することが望ましい。 ・人事・労務関係の内部規程類等を整備した後も、これらが確実に遵守されるよう、**遵守状況の確認や、役職員への周知・教育等を定期的**に行う。

📖 PMIGL：102ページ

Column 02 役員の待遇の見直し

　特にM&A成立前の譲渡側の役員構成が経営者の親族その他の同族関係者で占められているような場合において、従前の役員の待遇（役員報酬を含む。）が現時点の譲渡側の事業規模や業績に比して過大であると判断されるときは、従前の役員の待遇についても見直しの検討をする必要がある。

 PMIGL：102ページ

　非上場の同族企業においては、構造的に役員報酬に対する歯止めが効きづらく、その金額が相当高額になっていることがあり、このような見直しが重要なケースも散見される。

c　従業員との個別の労働契約関係等の適正性

　個別の従業員との労働契約関係等を中心に説明している。未払賃金や未消化の有給休暇に関する不備への対応は、法律上の義務の履行という面もあり、厳密にはPMIとは言いがたいかもしれないが、この点も、本ガイドラインが要対応事項を広めにカバーしていることの表れである。

■ 残存する未払賃 金や未消化の有	・譲渡側の従業員との個別の労働契約関係等において、未払残業代をはじめとする未払賃金が残存して

給休暇に関する不備への対応	いる場合は、**現状把握の時点までに認識した金額について支払う等**の対応を行う。譲渡側の従業員との個別の労働契約関係等において、未消化の有給休暇が残存している場合には、**現状把握の時点までに認識した日数について消化を促進する等**の対応を行う。なお、M&A成立に伴い清算する場合の手法として、年次有給休暇について定める労働基準法第39条の趣旨に反しない限りにおいて未消化の有給休暇を買い取ることがある。
▌長時間労働の改善	• 譲渡側の従業員の労働時間が過度に長くなっており、長時間労働が常態化している場合には、従業員の個別事情だけでなく構造的な原因も含めて探求し、**業務のフローや配分・集中の見直し、人員補充といった長時間労働の緩和等**に向けた対応を早急に行う。 • 長時間労働の実態を放置せず、その改善を従業員に一任するのではなく、**経営陣が取り組むべき課題として認識し、積極的に対応**することが必要である。
▌キーパーソンである従業員の離職リスクへの対応	• M&A成立後も譲渡側の事業の運営において重要な役割を果たすキーパーソンである役職員が離職することのないよう、**モチベーションの維持・向上の観点から、報酬や人事評価といった制度や仕組みを必要に応じて見直すとともに、適切に運用**する。 • 可能な限りキーパーソン固有の知見や人脈が譲渡側又は譲受側に積極的に共有されるよう働き掛け、仮に**キーパーソンが離職することになった場合でも円滑に対応できるよう、代替策を検討**する。

📖 PMIGL：103ページ

d 人材配置の最適化

　グループ全体での人材配置という観点から説明している。最終的にはこの取組まで対応できることを目指すこともあるが、やはりセンシティブな事項であることから、あまり急ぎすぎないことが適切なケースもあると思われる。

■ 譲受側・譲渡側間での組織や人事配置の見直し等	・譲受側・譲渡側間で組織や人事配置を見直すなど、**譲受側・譲渡側のグループとしての一体性を強化するとともに、人材活用の観点からグループ全体での最適な人員配置**を行う。 ・グループ全体の管理機能を譲受側に集約化することや、**譲受側・譲渡側間で柔軟に人事異動を行い知見や技術・ノウハウの共有を行えるようにすること、譲受側の経営人材が譲渡側に対して経営支援を行うこと等、グループ全体での人材交流**を進める。 ・ただし、これらは従業員にとって直接的な影響があり、特に労働条件の不利益変更を伴う場合等、機微に触れる部分であるため、そもそも実行の要否や時期を含め、慎重に検討する必要がある。

📖 PMIGL：104ページ

　なお、人事・労務分野の末尾には、コラムが2つ設けられているので、これらについて簡単に言及する。

　1つ目のコラムは、中小企業における働き方改革に関するコラムである。中小企業においても（むしろ中小企業であるからこそ）、人材の確保という観点からも、働き方改革を含め、人事・労務分野の重要性は高まってきているといえる。

Column
03
中小企業における働き方改革

　2019年4月1日より順次施行されている働き方改革関連法の主な内容は、以下のとおりである。

① 時間外労働の上限規制（施行：2019年4月1日〜 ※中小企業は、2020年4月1日〜）

時間外労働の上限について、月45時間、年360時間を原則とし、臨時的な特別な事情がある場合でも年720時間、単月100時間未満（休日労働含む）、複数月平均80時間（休日労働含む）を限度に設定する必要がある（原則である月45時間を超えることができるのは、年6回まで）。

② 年5日の年次有給休暇の確実な取得（施行：2019年4月1日〜）

使用者は、法定の年次有給休暇付与日数が10日以上の全ての労働者について、毎年5日、年次有給休暇を確実に取得させる必要がある。

③ 雇用形態にかかわらない公正な待遇の確保（施行：2020年4月1日〜※中小企業でのパートタイム・有期雇用労働法の適用は2021年4月1日〜）

同一企業内において、正規雇用労働者と非正規雇用労働者（パートタイム労働者、有期雇用労働者、派遣労働者）との間で、基本給や賞与等の個々の待遇ごとに不合理な待遇差が禁止される。

④ 割増賃金率の引上げ（施行：中小企業は、2023年4月1日〜）

月60時間を超える時間外労働については、割増賃金率を50％以上とする必要がある。（※大企業は既に施行されており、中小企業への適用は猶予されていたが、2023年4月から猶予措置が廃止される。）

PMIGL：104ページ

2つ目のコラムは、人事・労務分野におけるM&Aの実施形態による留意点に関するコラムである。M&Aのスキーム選択においては、こういった留意点も踏まえて検討する必要がある。

人事・労務分野における M&A の実施形態による留意点

【発展編】の説明は基本的に株式譲渡によるM&Aを前提としているが、M&Aの実施形態によって、人事・労務について実施すべき取組に差異があることに留意が必要である。

(1) 株式譲渡の場合

あくまでも労働契約の主体である使用者及び従業員に変更はないため、従前の労働契約は原則としてそのまま継続できる。しかしながら、M&Aによって成長・発展を目指す場合には、グループとしての人事・労務に関する方針の一貫性や、これまで抱えてきた人事・労務に関する課題への対応の契機といった観点から、譲受側・譲渡側双方の人事・労務に関して見直しを検討、実施することが望ましい。

(2) 事業譲渡の場合

労働契約の承継に従業員の個別の「承諾」（民法第625条第1項）が必要であるなど、従前の労働契約が当然には譲渡側から譲受側に引き継がれないため、まずはこれを確実に引き継ぐことが重要である。その際、譲受側は、譲渡側の従業員に対して、事業譲渡に関する全体の状況（譲渡側のどの事業がどのような形で譲受側に承継されるのか等）や、譲受側の概要（譲受側が

どのような事業を運営しているか等）、労働条件等（退職金等の退職に関する事項を含む。）について十分に説明し、引継ぎに向けた協議を行う必要がある。「事業譲渡又は合併を行うに当たって会社等が留意すべき事項に関する指針」（平成二十八年厚生労働省告示第三百十八号）（以下「事業譲渡等指針」という。）も参照されたい。

(3)　会社分割の場合

「会社分割に伴う労働契約の承継等に関する法律」（労働契約承継法）が定める手続やスケジュールを意識した対応を行う必要がある。譲渡側の事業に関して有する権利義務の全部又は一部が譲受側に包括的に承継されるため、譲受側に承継される労働契約については、従前の労働契約の内容である労働条件もそのまま譲受側に承継される。なお、承継された労働条件を譲受側の労働条件に合わせる形で変更する場合、労働条件の不利益変更に該当すること等があり得る点には注意が必要である。「分割会社及び承継会社等が講ずべき当該分割会社が締結している労働契約及び労働協約の承継に関する措置の適切な実施を図るための指針」（平成十二年労働省告示第百二十七号）も参照されたい。

(4)　合併の場合

譲渡側の権利義務の全部が譲受側に包括的に承継されるため、従前の労働契約の内容である労働条件もそのまま譲受側に承継される。なお、承継された労働条件を譲受側の労働条件に合わせる形で変更する場合、会社分割と同様に、労働条件の不利益変更に該当すること等があり得る点には注意が必要である。事業譲渡等指針も参照されたい。

PMIGL：105ページ

㈠　会計・財務分野

　ここでは「譲渡側の会計・財務関係の処理方法や業務における課題やリスクに対応するとともに、会計・財務の適切な管理体制を作る」ことについて解説する。(A)取組のゴール、(B)具体的な取組という観点から説明する。ただし、次の点には注意が必要である。

※　本ガイドラインでは、譲受側・譲渡側ともに金融商品取引法<u>監査や会社法に基づく会計監査人監査の対象ではなく、会社法で定められている連結計算書類の作成が義務付けられていないことを前提とする。金融商品取引法監査・会計監査人監査の対象又は会社法で定められている連結計算書類の作成が義務付けられている法人である場合には、譲渡側が適用すべき会計基準や内部統制等の大幅な見直しが必要になることがあるため、公認会計士等の支援機関に相談すること。</u>

PMIGL：106ページ

　(A)取組のゴールは、以下の４点である。

---

①　会計・財務（税務を含む。以下同じ。）に関係する処理が不適正な状況にある場合には、これを是正し、適正な処理を徹底する。

②　会計・財務に関する規程や、決算手続を早期化する仕組みを整備し、これらを徹底する。

③　会計・財務を管理するための仕組みを整備し、これを徹底する。

---

④　グループファイナンスの導入によりグループ全体の有利子負債の削減や資金調達コストの低減を図るなど資金効率を改善する。

×失敗例

■回収不能な債権を発見していたが、貸倒引当金を追加計上せず、そのまま放置していた。後日、譲渡側の決算書を検討する際、当該債権の存在を失念しており、債務超過寸前であることに気が付かなかった。

■従前より譲渡側の月次決算の締めが遅かったが放置していたところ、業績悪化を認知するまでに時間を要し、気が付いた時には深刻な赤字決算となっていた。

■決算・財務に関する担当者を長期間固定しており、支払等も一任し続けていたところ、資金の横領を発見できず、多大な損失を被っていた。

📖 PMIGL：106ページ

(B)具体的な取組は、大きく分けて以下の４種類である。

a　会計・財務関係の処理の適正性

会計・財務関係の処理を適正なものとする対応を行う。一見すると自明なことにも思えるが、実際には、純粋な誤りであるのか、それとも見解の相違にすぎないのか、という点の判断も要することがあり、その上で是正や見直しの必要性を判断することになる。

■ 過去の会計・財務関係の処理の誤りへの対応	• 譲渡側の過去の会計・財務関係の処理に誤りと思われる点がある場合には、その性質や発生時期等を明らかにするように努める。その上で、必要に応じて譲渡側経営者とすり合わせを行い、誤りであるか、それとも誤りではなく見解の相違に過ぎないものか、判断する必要がある。例えば、在庫や債権の評価の適正性に問題を抱えていると考えられる場合、過去の販売状況や債務者の返済意思・能力等を確認した上で、販売又は回収の可能性等について、譲渡側と認識をすり合わせて判断することとなる。
	• 譲受側として是正が必要であると判断した場合には、**調整のための会計仕訳・影響額の検討を行い、速やかに是正する**。
	• 過去の誤りの治癒に伴い**費用が発生する場合には、表明保証条項等によりその負担を譲受側と譲渡側間で分担**することがある。
■ 適正な会計・財務関係の処理を担保する体制・ルールに関する不備への対応	• 会計・財務関係の職務分掌について、**譲受側の関与を強化したり、譲渡側内部の手続を厳格化したりするなど、関係する規程の整備や見直し等**を必要に応じて行う。例えば、一定金額以上の入出金を行う場合における譲受側への報告、入出金状況や現預金等の残高（実際在高）についての譲受側への定期的な報告、一定金額以上の出金を行う場合における稟議、資金管理担当者の定期的な異動等の対応策が考えられる。
	• 在庫の棚卸方法・頻度や経理精算方法等、**会計・財務に関するルールを必要に応じて見直す**。例えば、在庫の横領の隠ぺいをできる限り発見できるようにする方法としては、同一在庫を複数人がカウントする、棚卸結果を上長がサンプルでカウントして棚卸手続の適切性を確認するといったことが考えられる。
	• 新たに導入した会計・財務関係の処理ルールや体制等を周知・徹底するために、必要に応じて、規程やマニュアル等を新規で作成することや、既存の内容を見直すことを検討する。会計・財務関係の規程は、就業規則等とは異なり作成することが義務付けられ

| | ているものではない点に留意しつつ、対応を検討する。 |

📖 PMIGL：107ページ

b　譲受側・譲渡側間の会計・財務手続の連携

　会計・財務手続について、グループ内での連携を図る。特に決算の早期化は、譲渡側で従前から取り組んでいなかった場合、最初は難しいところもあるかもしれないが、現状把握とそれに基づく対応の速度を向上させる効果が認められやすいので、可能な限り心掛けることが望ましい。

■ 譲渡側の勘定科目や会計処理方針等の不一致への対応	• 譲受側・譲渡側の業績評価の尺度を統一する必要がある場合には、**同一の経済事象に対する譲受側と譲渡側の勘定科目や会計処理方針の統合**を行う。その際は、調整のための会計仕訳・影響額の検討を行う。 • 特に**主要な収益・費用の計上基準、各種引当金等については、早期に統合**することが業績管理上望ましい。 • 連結ベースで決算を行う場合には、月ずれによる調整事項が少なくなるよう、決算月を統一することが望ましい。
■ 決算（年次・月次）の早期化	• まずは、決算確定日を定め、該当日までに決算を確定することを徹底する。 • 決算確定日までに手続が完了しない場合には、譲受側から臨時で人員を派遣するなどの応急的な対応を行い、速やかに確定する。 • また、決算確定が遅延する原因を特定し、譲受側のサポート体制を構築する、状況によっては決算確定作業を譲受側に担当替えするなどの対応策を講じる。 • **月次決算早期化のために、在庫金額等は概算で行うことも検討**することが望ましい。ただし、材料費や

	燃料費が高騰している状況等において、概算と実態が大きく乖離し、月次で把握していた利益額と年度の決算時の利益額が大きく乖離することがある。そのため、概算を用いる場合には、材料費・労務費・製造間接費等ごとに区分して見積る、直近の実績値等を参考にするなど、合理性のある見積り方法を用いなければならない。
∎ 会計システムの不一致への対応	• 譲渡側と譲受側の会計システムが別のものである場合、出力できるデータや帳票等が異なることがあるため、譲受側が必要とするデータも容易に作成できないケースもある。また、操作方法や機能等も異なることがあるため、譲受側のサポートが容易に行えないケースがある。 • そのため、譲渡側の会計システムの特性を理解した上で、会計システムを変更して得られる利便性の向上等の効果と、移行に伴い発生するコストを比較衡量して、**必要であれば譲渡側の会計システムを譲受側のものに変更することを検討**する。

📖 PMIGL：108ページ

c　業績等の管理

　グループ内において業績等の管理をしやすいようにする。特に、予算を含む業務運営上の目標値の設定は、「経営統合」における「経営の方向性の確立」とも密接に関連するものである。管理会計制度や原価計算制度の導入も含め、どこまで対応できるかは各企業によりまちまちであるものの、より充実した管理のために検討は行うことが望ましい。

∎ 予算制度・管理会計制度その他管理ツールの導	• 譲渡側の**業績管理を行うために必要不可欠となる情報**（売上・営業利益・資金状況等）を選別し、報告単位（日次、月次、年次）や期限を設定する。PMI

入	の初期段階においては、事業内容の理解を深めるためにも、より細かな単位でかつ高い頻度で報告を求めることが望ましい。 • 業務運営上の**目標値（標準原価や売上・利益等の予算）を設定して、実績値の評価**を行う。評価結果は、適時に関連部署に共有し、適切な改善策を経営者・従業員双方で検討する。 • 従業員が数値に対する意識を高く持つように、会議等で実績値の共有を行うことを検討する。 • また、譲受側と譲渡側との間で取引を行う場合には一定の利益が付加されるのが通常である。この点、当該利益はあくまでもグループ全体で留保されるものであり、どちらかに有利な価格とせず、市場価格等の正常取引価格に基づき取引することが、双方の業績を判断する上で有益なことが多い。
■ 利益管理の前提となる原価計算制度の導入	• **利益管理をする単位（製品別・プロジェクト別・事業別）を決定し、発生した原材料費・労務費・製造経費等を振り分けるための仕組みを構築する。**例えば、原材料費を会計システム等に入力する際、補助科目等でプロジェクト名も登録しておく、日報等から作業時間を把握して製品別に労務費を振り分ける、間接的に発生した費用を振り分けるための配賦基準（作業時間・生産量等）を決定するなどの取組が考えられる。 • ただし、これまで原価計算制度が導入されていない場合には、原価の発生要因の分析や原価の配賦基準の設定等の導入準備に長期間を要するため、当面は発生総額の原価を用いるなどの代替手段を取らざるを得ないこともある。他方で、例えば建設業のように、一つのプロジェクトや事業の取引金額が多額で、その実施期間が長期にわたる場合には、初期の段階から原価計算制度の導入を検討することが望ましい。

📖 PMIGL：109ページ

d　金融費用の削減

　グループファイナンスの導入により金融費用を削減する。なお、この点は、前述のとおり、譲受側の信用力を通じたコストシナジーの創出の一場面であることが想定されているが、個別の事案ごとに様相が大きく異なるという点には、注意が必要である。

▌ グループファイナンスの導入	・譲受側の財務基盤や信用力を生かし、譲渡側の既存借入金の借り換えや新規の資金調達等を行うことによって、**より有利な条件で資金調達**を行う。 ・譲受側が譲渡側に代わり資金調達を実行し、グループ内で資金を融通することにより、**グループ全体の有利子負債の低減や支払利息の抑制等のコストシナジー効果**が期待できる。

📖 PMIGL：110ページ

　なお、会計・財務分野の末尾には、人事・労務分野同様、M&Aの実施形態による留意点に関するコラムが設けられている。

Column 05
会計・財務分野における M&A の実施形態による留意点

　譲渡側が中小企業である場合、譲渡側の会計・財務担当者が少ないことが多く、会計・財務関係の処理が適正に行われていないこともあるほか、月次決算が確定するのに数か月要しているケースもある。また、経理・財務情報から得られる情報の分

析や改善のための施策が習慣化されていないことも少なくない。

　そのため、いずれのM&Aの実施形態であっても、会計・財務関連の処理の適正性、会計・財務手続の連携、業績等の管理等は、重要なテーマとして取り組む必要がある。

　その上で、【発展編】の説明は基本的に株式譲渡によるM&Aを前提としているが、M&Aの実施形態によって、会計・財務について実施すべき取組に差異があることに留意が必要である。

⑴　株式譲渡の場合
　あくまでも譲渡側の法人格は維持されるため、譲渡側単体で従来の会計・財務に関する決算手続等は原則としてそのまま維持される。

⑵　事業譲渡、合併、吸収分割の場合
　譲渡側とは別の法人格である譲受側に会計・財務に関する決算手続等が完全に統合されるため、譲渡側の会計・財務に関するデータ等を譲受側に確実に引き継ぐことが必要であり、数値確定のための仮決算や譲受側の会計システムへのデータ登録等の手続が必要になる。その際、資産や負債の評価額等の数値のみならず、減価償却の方法、耐用年数等の登録、所要の税務手続等の会計・財務に関する処理方法等の引継ぎや変更等の対応が必要となる。また、譲渡側の事業の業績等を管理しようとする場合には、会計・財務に関するデータ等を区分管理できる体制を整備することが必要である。

PMIGL：110ページ

(ウ) 法務分野

ここでは「譲渡側における法的な課題やリスクに適切に対応するとともに、法的に必要な手続や規程等を整備する」ことについて解説する。(A)取組のゴール、(B)具体的な取組という観点から説明する。

(A)取組のゴールは、以下の3点である。

---

① 法令遵守等を前提に、法的な課題やリスクに適切に対応する。
② 会社組織の整備等により、譲渡側の内部の状況を改善する。
③ 契約関係の見直し等により、譲渡側の外部関係者との関係を改善する。

×失敗例

■重大な法令違反があったため、規制当局から是正を命じられるとともにその事実が社外に知れ渡ったことで、譲受側・譲渡側の評判が大きく下落した。

■業務効率を改善すべく決裁権限に関する内部規程を新たに整備したが、実際はこれを無視した不規則な決裁手続が定着し、業務効率の改善に失敗した。

■業界内の一般的な取引条件よりも不利な取引先との契約を、何ら見直すことなく継続した結果、利益率が過小な状態となっている。

PMIGL：111ページ

(B)具体的な取組は、大きく分けて以下の3種類である。

a 法令遵守等

　不備の是正という側面が大きく、そもそもM&A成立前に是正しておくのが望ましい（PMIではない）と評価され得る事項もいくつか含まれているといえる。この点も、本ガイドラインが要対応事項を広めにカバーしていることの表れである。

　なお、個人情報・営業秘密の管理に関する不備がある場合、ITシステムの不備とも相まって重大な問題に発展することもあるため、注意が必要である。

■ 許認可等に係る手続に関する不備への対応	・事業運営に必要な許認可等に関する手続に不備がある場合には、所管官庁への照会や従前の手続の確認を適宜行いながら、**許認可等の継続等**に向けた対応を速やかに行う（コラム06：237ページ参照）。
■ 実態と整合しない登記に関する不備への対応	・必要な役員重任登記の手続がなされないまま数年間が経過しているなど、登記が実態と整合していない場合には、**実態と整合した内容の登記手続等**の対応を進める。 ・なお、必要な登記手続を長期間怠っていたことにより取締役等に百万円以下の過料が課される可能性があること（会社法第976条第1号）等には注意が必要である。
■ 個人情報の管理に関する不備への対応	・「個人情報」とは、生存する個人に関する情報であって、当該情報に含まれる氏名、生年月日その他の記述等により特定の個人を識別することができるもの等をいう（個人情報の保護に関する法律第2条第1項各号）。 ・譲渡側において個人情報が適切に管理されていない場合には、同法に従い、**適切な管理体制の整備等**に向けた対応を進める。 ・なお、個人番号をその内容に含む個人情報である「特定個人情報」（行政手続における特定の個人を識別するための番号の利用等に関する法律第2条第8項）についても同様である。

<table>
<tr>
<td></td>
<td>

- ✓個人情報保護委員会「法令・ガイドライン等」（「個人情報の保護に関する法律についてのガイドライン」を含む）（https://www.ppc.go.jp/personalinfo/legal/）
- ✓個人情報保護委員会「特定個人情報の適正な取扱いに関するガイドライン」（https://www.ppc.go.jp/legal/policy/）

</td>
</tr>
<tr>
<td>▌営業秘密の管理に関する不備への対応</td>
<td>

- 「営業秘密」とは、顧客名簿、販売マニュアルや新規事業計画、製造方法・ノウハウや設計図面等の秘密として管理されている事業活動に有用な技術上又は営業上の情報であって、公然と知られていないものをいう（不正競争防止法第2条第6項）。
- 譲渡側において営業秘密が適切に管理されていない場合には、**同法を念頭に**、**適切な管理体制の整備等**に向けた対応を進める。

- ✓経済産業省「不正競争防止法」（https://www.meti.go.jp/policy/economy/chizai/chiteki/index.html）
- ✓経済産業省「営業秘密〜営業秘密を守り活用する〜」（「営業秘密管理指針」や「秘密情報の保護ハンドブック」を含む）（https://www.meti.go.jp/policy/economy/chizai/chiteki/trade-secret.html）

</td>
</tr>
<tr>
<td>▌表示等に関する不備への対応</td>
<td>

- 譲渡側において商品パッケージやホームページ上の表示等が誇張や虚偽を含むような場合には、不正競争防止法のほか、不当景品類及び不当表示防止法（景

</td>
</tr>
</table>

	品表示法）や特定商取引に関する法律（特定商取引法）も念頭に、**当該表示等の是正等の措置を講じる。**
	参 考 ✓ 経済産業省「不正競争防止法」 （https://www.meti.go.jp/policy/ economy/chizai/chiteki/index.html） ✓ 消費者庁「景品表示法関係ガイドライン等」 （https://www.caa.go.jp/policies/policy/ representation/fair_labeling/guideline/） ✓ 消費者庁「特定商取引法ガイド」 （https://www.no-trouble.caa.go.jp/）
■ 知的財産権に関する不備への対応	• 譲渡側において知的財産権に関して必要な登録等がなされていない場合には、これに向けた対応を進める。 • また、譲渡側が他者の知的財産権を侵害しているおそれがある場合（例えば、ソフトウェアの不正利用により著作権侵害が生じるケースがある。）には、**権利侵害の回避等**に向けた対応を早急に進める。 • 譲渡側において**第三者に知的財産権の利用許諾（ライセンス）を行っている可能性がある場合には、**その内容を確認・把握**する必要がある。
■ 法令遵守等に関する姿勢の徹底	• ここまでで例示した法令遵守等に関する取組等を踏まえて、M&A成立後の法令遵守等を徹底できるよう、**担当者に対する研修その他の教育や、社内でのノウハウの蓄積等**を進める。

PMIGL：112〜114ページ

b　会社組織等に関する内部規程類等の整備状況とその内容の
適正性

会社全体に適用される内部規程類等について説明している。明記
はしていないものの、組織としてのガバナンス体制に関わる点であ

る[33]。

▮ 会社法上必要な決議・議事録、定款、内部規程類等の見直し	・計算書類の承認、役員選任や競業取引・利益相反取引の承認のための取締役会・株主総会決議等、**会社法上必要な決議を適時に行い、その議事録を作成・保存**する。 ・譲受側と譲渡側の**定款**（特に事業の目的）、決裁や報告の手続に関する**内部規程類等**（例えば取締役会規程、組織規程、職務権限規程、業務分掌規程、稟議規程等）の整合性、それぞれの位置付けや適用範囲等を整理しながら、それぞれの**存続、修正、廃止等**の方針を決定し実行する。必要に応じて、法令遵守等の観点からも内部規程類等の変更を行い、**会社法が求める会社組織等を構築**する（業務の適正を確保するための体制の整備及び必要な取締役会決議等の手続を含む。）。 ・M&A成立後に、例えば、譲渡側が一定の事項を実行する場合には譲受側の承認を要するものとする規定や、譲渡側に譲受側への一定の報告義務を課する規定等を新設しようとする場合には、必要に応じて内部規程類等の**新設等**の方針を決定し実行する。
▮ 会社組織等に関する内部規程類等の徹底	・整備された新しい内部規程類等の内容や枠組みについて、譲受側・譲渡側それぞれの**役職員への周知・教育**を行う。その際には、一方的な通知にとどまらず、役職員が十分に理解できるよう説明会や個別説明等を実施することが望ましい。 ・内部規程類等を整備した後も、これらが確実に遵守されるよう、**遵守状況の確認**や、役職員への周知・**教育等を定期的に**行う。そのために一定の**内部監査体制を構築**することも考えられる。

📖 PMIGL：115ページ

33　ガバナンスに関しては、本節2⑴「③　グループ経営の仕組みの整備」も適宜参照されたい。

c 契約関係を含む外部関係者との関係の適正性

会社の外部関係者との関係に関する点である。特に契約関係の書面による明確化等は、PMIとして想像しやすい点かと思われる。

■ 譲渡側の資産・負債についての事業運営上必要な対応	・譲渡側の**資産**（特に事業用資産）については、**所有権の所在や、担保権・賃借権の負担の存在等を確認**の上、事業運営に支障が生じないよう必要な対応を行う（コラム07：239ページ参照）。 ・譲渡側の**負債**（特に借入債務や保証債務）については、**債権者との協議・調整等**、事業運営に支障が生じないよう必要な対応を行う。
■ チェンジ・オブ・コントロール（COC）条項への対応	・譲渡側が締結している契約（例えば、賃貸借契約、取引基本契約、フランチャイズ契約等）において、**チェンジ・オブ・コントロール（COC）条項の有無を確認**する。その内容は、当該契約の相手方（例えば、賃貸人、取引先、フランチャイザー）に対してM&A実行を通知すれば足りるものとする方式だけでなく、その同意を要求する方式等もあり得るため、そのような点も含めて精査する。 ・相手方に対して通知すれば足りるとする方式の場合には、漏れなく通知する。これに対し、相手方の同意を要求する方式の場合には、原則として相手方から同意を得ることが望ましいものの、当該契約の重要性、代替可能性や相手方との交渉コスト等の事情を総合的に考慮し、あえて明示的な同意を取得しないこと等もあり得る。
■ 不明確又は不利な取引条件等に関する不備への対応	・譲渡側の事業の継続にとって重要な取引先を中心に、**口頭や注文書・注文請書と請求書等に基づくだけの取引条件**について、明文化した基本契約を締結するなど、譲渡側における**契約関係を書面により明確化**する。 ・契約書の内容が最近の法令改正等を反映していない古いものとなっているような場合には、**最新法令等に合わせた内容に改訂**する。 ・現在の取引条件が不利と考えられる場合には、例え

	ば譲受側の信用力も加味した取引条件を念頭に、譲渡側を介して取引条件の改善等を打診・交渉するほか、**必要に応じて譲渡側に譲受側の既存取引先を紹介**するという対応も考えられる。 ・ 特に取引先が私的独占の禁止及び公正取引の確保に関する法律（独占禁止法）や下請代金支払遅延等防止法（下請法）に違反していると考えられる場合には、是正する必要がある。なお、従前は業界慣習とされてきた運用がこのような違反に該当する事例もあり得る。 ・ 以上のほか、譲渡側は既存の契約における課題やリスクを把握し、また**新規の契約を締結する際には加えて譲受側の助言も適宜参照する。**
	参　考 ✓ 公正取引委員会「下請法違反発見チェックシート」 (https://www.jftc.go.jp/regional_office/chubu/shitauke_checksheets.html) ✓ 中小企業庁「下請適正取引等推進のためのガイドライン」 (https://www.chusho.meti.go.jp/keiei/torihiki/guideline.htm) ✓ 中小企業庁「下請かけこみ寺」 (https://www.zenkyo.or.jp/index.htm
▌ 譲受側で使用している各種の契約関係等に関する手法の譲渡側への適用	・ 譲受側で使用している**契約書のひな形や様式、取引先に対する信用調査や反社会的勢力チェックの手法**を、譲渡側における契約関係等にも適用していくことも考えられる。

 PMIGL：116〜117ページ

　なお、法務分野の末尾には、コラムが2つ設けられているので、

これらについて簡単に言及する。

　1つ目のコラムは、許認可等の承継に関するコラムである。前述の中小M&A推進計画において、「M&A手法の選択の幅を狭める制度的課題（例：許認可等承継）への対応」として、「2021年度中に、中小M&Aにおける許認可等の承継の取扱いについて情報を整理し、周知広報を行う」という取組（34ページ）が明記されていたところ、このコラムはそれを受けて設けられたものである。なお、同内容のコラムが「事業承継ガイドライン（第3版）」にも設けられている（102ページ）。

Column 06　許認可等の承継

　M&Aで用いる手法等によっては、譲渡側の事業の運営に必要な許認可等の承継が課題となることがある。

　例えば、株式譲渡等の手法を用いる場合には、譲渡側の許認可等は同一人格である譲渡側において原則として継続する。これに対し、事業譲渡や合併、会社分割等の手法を用いる場合には、譲渡側とは別人格である譲受側において承継された事業が継続されるところ、譲渡側の許認可等は当然には譲受側に承継されず、原則として個別の根拠法の定めがあるとき（特定の許認可等を対象に、相続、合併又は会社分割の際に承継を認める形式や、これらに加え事業譲渡の際にも承継を認める形式等がある。）に限り、譲受側において承継が可能となる。

なお、譲受側の既存事業について許認可等を引き続き利用するとき、例えば、吸収合併の手法を用いる際に、吸収合併消滅会社（譲渡側）ではなく吸収合併存続会社（譲受側）が有していた許認可等を既存事業について引き続き利用するケースにおいては、このような課題は基本的には生じない。

　許認可等の承継ができないときには、実務では例えば、譲受側において許認可等を先行して新規取得した上で事業譲渡等を実行するといった対応策がとられる。ただし、譲受側において人的・物的体制等に係る要件を満たせず新規取得できないケースもある。

　このように、M&Aで用いる手法や許認可等に応じて、許認可等の継続についての対応方法が異なるという点には、注意が必要である。

📖 PMIGL：118ページ

　2つ目のコラムは、譲渡側経営者に関連する資産・負債等に関するコラムである。中小企業においては、法人と経営者が明確に区分・分離されていないケースが散見されるため、この点についての注意を喚起する趣旨でこのようなコラムが設けられたものと思われる。

Column 07　譲渡側経営者に関連する資産・負債等

　譲渡側の企業と経営者との間に債権債務が存在すること（例えば役員借入・役員貸付）や、譲渡側経営者が譲渡側の金融機関に対する借入債務等を個人保証していること（経営者保証）、また譲渡側の企業がその経営者に関連する非事業用資産（例えば当該経営者の自宅不動産）を所有することは多く見られる。

　こういった譲渡側経営者に関連する資産・負債等は、M&A成立後の円滑な事業運営やトラブル防止といった観点からも、M&A成立の前後において清算する旨をM&Aの最終契約（株式譲渡契約や事業譲渡契約等）において合意しておくなど、明示的に処理をしておくことが望ましい。

 PMIGL：118ページ

㈢　ITシステム分野

　ここでは「譲渡側のITシステム環境における課題やリスクに適切に対応するとともに、費用対効果のある適切なITシステムを整備する」ことについて解説する。(A)取組のゴール、(B)取組のポイント、(C)具体的な取組という観点から説明する。

　(A)取組のゴールは、以下の２点である。

① ITシステム環境におけるリスク・課題を把握し、必要に応じて是正する。
② ITシステム導入のコストと効果のバランスを鑑みつつ、譲受側・譲渡側の双方の業務効率の維持又は向上に寄与し得るITシステムを整備する。

×失敗例

■譲渡側の従業員にソフトウェアのライセンス違反（有料・有償のソフトウェアを、ライセンス購入、課金することなく利用）があり、従業員個人及び企業に対し罰金が科された。

■譲渡側の経営や業務に関する情報が、全て個人管理の表計算ソフトで保管されており、情報の項目や形式がバラバラであった。また、紙資料でのみ管理されている情報も多数存在していたため、必要な情報を把握するのに多大な時間と労力が必要になった。

■譲受側のITシステムを、譲渡側に導入しようとした結果、業務上必要とされるデータの差が多く、不足するデータ項目の追加における改修コストがかかり、また、譲受側にとっては不要であるはずの入力項目がシステム上に多く表示され、業務効率が低下した。

📖 PMIGL：119ページ

(B)取組のポイントは、以下の４点である。

① ITシステムは適切な経営管理を行う上で大変有用なツール

である。事業活動における業務の効率化にとどまらず、経営・業務の状況が可視化されることで迅速な経営判断が可能になる。昨今、中小企業が利用しやすいITシステムやデジタルツールの普及が急速に進んでいる。**M&Aを契機として、自社のITシステムの在り方について見直しを行う**ことが望ましい。

② 譲渡側における**IT環境における課題やリスクを把握し、重要性の高いものは適切に対処**する。また、ITシステム導入による経営や業務の効率改善の可能性を検討する。

③ そもそもシステム化の必要があるのか、目的に合わせた機能は何か、譲渡側の利用者が適切に活用するために譲受側がどのような運用サポートをしていくか、といった観点から検討することが重要になる。

④ ITシステムの導入方針には、**譲受側のITシステムを譲渡側に導入する、譲渡側の業務に適合したITシステムを導入する、譲受側・譲渡側一体で新たなITシステムを導入する**、の3パターンがある。目的や費用対効果等の観点から検討を進める。

📖 PMIGL：120ページ

(C)具体的な取組は、以下のとおりである。

◆ ITシステムに関するリスクへの対応

ITシステムは、リスク管理に留まらず、事業の効率性や生産性の向上を含む、事業のあらゆる場面に関わってくる要素であるといえる。ただし、利便性の観点などからITシステムの拡充が望ましい点については、事業機能など各所において言及しており、ここではITシステムに関するリスクへの対応についての内容を中心に取り上げている。そのため、広い意味でITシステムに関連する取組

が以下にすべて集約されているわけではないので、念のため補足する。

▌ライセンス違反等の抑止	・有料・有償のソフトウェアのライセンスを関係会社や社内で**不正に使いまわしたり、違法に複製したり**するなど、ソフトウェアの提供元が定めた方法を逸脱する利用等の事象がないかを確認する。 ・従業員が業務において**購入、課金したライセンスに関する情報を一元管理**し、従業員の裁量でライセンスの購入や課金をさせないよう周知徹底する。
▌情報セキュリティ対策	・サポート期間が終了したソフトウェア（OSを含む）は、不具合や脆弱性が新たに見つかったとしても、修正プログラムがメーカーから提供されない。こうしたソフトウェアを使い続けた場合、外部から攻撃を受ける危険性のある状態となり情報セキュリティのリスクが非常に高まる。該当するソフトウェアの利用の有無を確認し、**適切な管理ができるようにルールを定めておく必要がある。** ・中小企業の情報セキュリティ対策に関する具体的な対策については、2021年に独立行政法人情報処理推進機構（IPA）が公表した「中小企業の情報セキュリティ対策ガイドライン」を参照する。また、サイバー攻撃に備え、「サイバーセキュリティお助け隊サービス」の導入等も検討する。 **独立行政法人情報処理推進機構（IPA）** ・「中小企業の情報セキュリティ対策ガイドライン」 （https://www.ipa.go.jp/security/keihatsu/sme/guideline/） ・「サイバーセキュリティお助け隊サービス」 （https://www.ipa.go.jp/security/keihatsu/sme/otasuketai/index.html）

■ ITシステム管理方針の明確化	・中小企業では、ITシステムの調達、運用保守や情報セキュリティに対する責任者が不在であることが多い。そのため、全社最適の観点から適切にシステム投資の判断を行うことが難しい。**ITシステムの管理責任者**を明確に定めておくことが望ましい。 ・会社及び従業員が適切かつ安全にITシステムを導入・活用するために、その**利用に関する基準やルール等をIT管理方針として定め周知徹底**しておくことが望ましい。

 PMIGL：121ページ

「中小PMIガイドライン」 の発展の方向性

はじめに

　令和4年6月に行われた中小M&A推進計画フォローアップ[34]である第7回集約化検討会の資料1「『中小M&A推進計画』の主な取組状況（令和4年6月21日時点）」（11ページ）において、「今後の取組方針」として「中小PMI支援メニューに基づき、中小PMIガイドラインの周知や専門家育成等を行い、これらの取組の成果等を踏まえ、中小PMIガイドラインを改訂する」という記載がある。今後の改訂がほぼ確実に行われ得る前提のもと、以下では、現行の本ガイドラインの課題と併せて、今後の「中小PMIガイドライン」の発展の方向性について、僭越ながら私見を述べさせていただく。なお、当然のことながら、以下の見解は筆者の独断と偏見によるものであることを、重ねて強調しておく。

34　中小企業の経営資源集約化等に関する検討会（中小M&A推進計画フォローアップ）を開催します【経済産業省】
　　https://www.meti.go.jp/press/2022/06/20220614002/20220614002.html

1 ▶ 時間軸の明確化

　前述のとおり、本ガイドラインの特徴の１つに、主に譲受側が対応すべき事項について、課題ベースで広く取り上げられているという点がある。これは取組の一覧性・網羅性を高める点では有用な整理であるといえる。他方で、本ガイドラインにおいては、取組の時間軸が必ずしも具体的に明示されていないという面は否定できない（M&A初期検討・“プレ”PMI・PMI・“ポスト”PMIの４段階の区分について大まかに線表などで示すに留まっている）。この点は、小委員会における検討段階においても、「ガイドラインは、網羅性を重視し、様々なケースに適応可能であるものとすることが重要ではないか。一方で、分かりやすさの観点からは、具体的な時間軸や優先度等を示すことが重要ではないか。しかしながら、網羅性と分かりやすさは相反するため、バランスが重要ではないか。例えば、どのような要素をどのような順番で実施したか、組み合わせを例として示したり、全体的なPMIのイメージがわきやすいよう、サイドストーリーのような形で様々なバリエーションを準備したり、頻繁に見受けられるケースを逆引きで参照できるようにしたりしてはどうか」というコメント（第３回小委員会議事概要２ページ）が見られ、委員や事務局が検討に苦悩したことが窺われる。

　このようなコメントの趣旨等を踏まえ、各取組の時間軸の明確化は、現行の本ガイドラインの程度の整理に抑えられたものと思われる。今後もどこまで明確化が可能であるかは不見当ではあるが、例えば、前述の第３回小委員会資料４「結合・発展型PMIの取組について（議論用資料）」（３ページ）の「（参考）M&A成立前の取組」のような点についてガイドライン本文中でも明示することはあり得るかもしれない。このあたりのバランスは難しいところであるが、

現行の本ガイドラインを踏まえて、よりわかりやすい在り方を模索していただければと思う。

2 ▶ 支援機関間のコミュニケーション

　本ガイドラインでは、中小企業と支援機関のコミュニケーションの重要性については明示的に説明されているものの、PMI推進体制内に複数の支援機関がいる場合における支援機関同士の連携の在り方の重要性については明示的には記載されていない。もちろん資金面などの限界はあるためケースバイケースではあるが、例えば複数の士業等専門家が選定されている場合など、支援機関同士の効果的な連携が重要なことも多い。PMIはチーム戦であり、このような連携に関する記載があるとPMIの支援機関にとってもさらに有用な指針となるものと思われる。

　なお、「中小M&Aガイドライン」では、中小企業経営者向けの部分（第1章）と支援機関向けの部分（第2章）が明確に分けられている。これに対し、本ガイドラインでは、分野ごとの主な支援機関についての一覧表（36ページ）はあるものの、支援機関の中小PMI支援における主な役割が具体的に記載されているわけではない。本ガイドラインは全体として大部になったこともあり、最小限の記載で支援機関の役割を記載するため、このような整理をしているものと思われるが、今後は本ガイドラインについても、「中小M&Aガイドライン」同様に中小企業向け・支援機関向けの2分類を行うことはあり得る。ただし、現行の本ガイドラインも特に【発展編】は支援機関による活用を意識した内容と思われ、あえて明確に2分類する必要はないかもしれない。

本ガイドラインでは、DDはプレPMIにおける現状把握の手法の
1つとして整理されており、DDの必要性や重要性についても明記
されている。

他方で、各種DDの具体的な進め方の手引きについては、「中小
M&Aガイドライン」や本ガイドラインでは明示されていない。中
小企業の経営資源の集約化に資する税制（前述）において経営力向
上計画の認定を申請する際に提出する必要がある「事業承継等事前
調査チェックシート」も、財務・税務DDと法務DDのそれぞれに
おける一般的な調査項目例を列記してはいるものの、具体的な指針
の明記にまでは至っていない。

また、M&A実務において、DDの調査内容は必ずしもPMIを見
据えたものではなく、DDを主にM&Aの実行の是非やその取引条
件を判断するために行うことが多いことから、これにPMI特有の
調査を追加するとなると、実際には、時間的な余裕や資金面の問題
に直面することもある。

ポストM&Aを見据えたDDを行うに当たっては、各種DDにお
いて現実的にどのような対応が望ましいのか、さらに深掘りできる
ことが望ましいと思われる。もちろん、ガイドラインとして提示で
きる内容には限界があるため、実際には多くの部分が実務に委ねら
れることになるとは拝察しているが、その際に役立つ視点がガイド
ライン等として提供されると中小PMI支援の推進には効果的と思
われる。

なお、前述のとおり、「PMIの視点を入れたデューデリジェンス」
は小委員会の場でも指摘されている（第１回小委員会議事概要３
ページ）。

4 ▶ 小括

　以上のとおり私見を述べさせていただいて恐縮ではあったが、中小M&Aの譲受側が具体的にどのように行動することが事業の成長・発展にとってより良いことであるのか、探究していくことには意義があるものと思われる。

　もともと、中小企業のための事業承継・引継ぎ支援策は、先代経営者・譲渡側の視点を主に念頭に置いて立案されることが多かったように思われるが、近年はそのような傾向に変化が見られるように感じられる。具体的には、承継・引継ぎ以後の事業の成長・発展にフォーカスし、後継者・譲受側の視点も含めて支援策の立案がなされる方向性に移ってきているように思われる。そのような方向性の途中に、本ガイドラインは存在していると思われる。

　本ガイドラインは、前述のとおり、「現時点の知見」をまとめたもので、今後の改訂を予定しており、議論の出発点としての位置付けを明確にしているといえる。今後の中小PMI実務の蓄積を踏まえ、本ガイドラインがますますの進化を遂げていくことを期待する。

　最後に、本ガイドライン最終ページ「おわりに」より以下の部分を一部引用することで、終わりの言葉と代えさせていただく。

中小企業におけるPMIの取組については、まだその蓄積が乏しく、発展途上の段階にあります。今後、本ガイドラインも参考に中小企業のM&AにおけるPMIに関する実務が蓄積され、その発展に合わせて、PMIの取組の「型」が更に発展することを期待しています。

PMIGL：126ページ

あとがき

　私の父は突然の病に倒れ、平成27年2月、そのまま目を覚ますことなく息を引き取った。その当時、父は地元の山形県内で税理士事務所を経営する税理士であった（同事務所は現在、税理士法人化等を経て、第三者により運営されている）。

　その頃から、父の関与先を中心に、地方の経営者の方々との交流の機会が増えた。すると、不思議なことに、似通った相談が多く寄せられるようになった。それこそがまさに「事業承継」の相談であるという事実に気付いたのは、父の死から2年ほどが経ってからのことであった。

　他方で、地方においては、経営者は70代でも「普通」であり、後継者不在の中小企業が目立ってきており、地方新聞のお悔やみ欄には経営者やその親族が多く登場する、という実感もあった。

　そのような中で、平成31年1月、とある研修資料の作成に当たり、総務省の人口推計等を調べていたところ、2045年時点の山形県内の各市町村の予測人口が、現在よりも大幅に減少した数字となっていることに（遅まきながら）驚いた。このとき、それまでに経験してきたいくつかの事象が頭の中で急につながり、それまでに地域経済の持続可能性について抱いてきた漠然とした不安感が、具体的な危機感となって襲ってきた。このような状況において何か自分にできることがないか模索していたところ、縁あって令和元年9月から中小企業庁財務課で任期付公務員として勤務することになった。

　令和2年に入ってからは、新型コロナウイルス感染症の感染拡大に伴い、中小企業の廃業の急増も懸念されるようになった。他方で、本書でも述べたとおり、近時の中小企業のための事業承継・引継ぎ支援策は、廃業に伴う経営資源の散逸の回避という観点に限らず、

事業の承継・引継ぎ後の成長・発展を促進するという方向性が色濃くなってきている。これは私の思いとも合致するものであり、このような方向性の中に位置付けられる本ガイドラインの策定に令和4年3月の任期満了直前まで関わらせていただけたこと、その上で本書の執筆の機会を頂戴したことは、まさに幸運であったものと思う。

　今でもたまに思い出すが、私の父はよく、幼かった私を関与先である企業のオフィスに連れていった。関与先の事業の成長・発展を顧問税理士として伴走支援する父の姿は、なんだか見ていて楽しそうだなと幼心ながら感じた。また、父が突然倒れた後は、父の葬儀に参列いただいた多くの方々の姿などを目の当たりにし、父が税理士として地元企業のために尽力してきたこと、多くの経営者の心の支えとなってきたことを思い知らされた。

　私は弁護士となり、父とは異なる道を選んだが、私は私なりに、まだまだ父には遠く及ばないとしても、父と同じく在野の専門家として、これからも事業の成長・発展を微力ながら支援してまいりたいと考えている。

　最後となるが、中小企業を支援する専門家としての在り方を、命を懸けて自らの背中で示してくれた父に、この場をお借りして敬意を表しつつ、初の単著である本書の筆を擱かせていただきたいと思う。

　　　　　　　　　　　　　　　家族の寝静まった我が家にて
　　　　　　　　　　　　　弁護士　皿谷　将

著者略歴

皿谷　将（さらや　しょう）

弁護士（東京弁護士会所属）／
センチュリー法律事務所所属
認定経営革新等支援機関

　山形県出身。東京大学法学部卒業、東京大学大学院法学政治学研究科法曹養成専攻（法科大学院）修了。

　平成25年に弁護士登録以来、主に事業承継・M&A支援、成長支援、事業再生・廃業支援をはじめとする中小企業法務等の案件に従事。

　平成27年に、税理士である父が急に亡くなったことで、その経営する税理士事務所の事業承継問題に直面（税理士法人化等を経て現在は第三者のもと運営）。また、人口減少社会の最前線である地方において、中小企業の経営者の高齢化と廃業の増加が進行している現状に危機感を覚えたことから、令和元年9月から令和4年3月にかけて、経済産業省中小企業庁事業環境部財務課にて、課長補佐（経営承継）として、主に中小企業のための事業承継・M&A支援策の立案等に従事。特にコロナ禍において中小企業支援の必要性が高まるなか、「事業承継・引継ぎ支援センター」や経営承継円滑化法に基づく「所在不明株主に関する会社法の特例」の創設に関連する法令改正、「中小M&A ガイドライン」「中小PMI ガイドライン」「事業承継ガイドライン」といった各指針の策定・改訂、「中小M&A 推進計画」の取りまとめ、「中小企業の経営資源の集約化に資する税制」「中小企業経営力強化支援ファンド」「M&A 支援機関登録制度」「経営資源引継ぎ補助金」（現事業

承継・引継ぎ補助金）の創設、中小企業庁と日本弁護士連合会・中小企業診断協会の連携強化に関する各共同宣言等に関与。

　令和４年４月１日にセンチュリー法律事務所に復帰。

　令和５年４月１日に同事務所ジュニアパートナーに就任。

＜令和４年４月以後の主な活動例＞

●著書

- 『新版　専門家のための事業承継入門　事例で学ぶ！事業承継フレームワーク』（ロギカ書房、2023年）（共著）

●執筆

- 「「事業承継ガイドライン（第３版）」と実務対応」（『法律のひろば』2022年10月号、ぎょうせい）
- 「中小企業の事業承継・引継ぎの推進に向けて―「事業承継ガイドラインの改訂」と「中小PMIガイドラインの策定」―」（『事業再生と債権管理179号』、一般社団法人金融財政事情研究会）

●セミナー

- 「中小PMIと弁護士の役割」（日弁連eラーニング、2022年11月２日～）
- 「中小PMIガイドライン概説―中小M&Aガイドラインの基礎も踏まえた実務解説―」（一般社団法人東京都中小企業診断士協会事業承継シンポジウム、2023年１月14日）

●監修

- 「中小企業の事業承継支援業務と知識体系【2023年版】」（【Section 8】PMI）（一般社団法人中小企業診断協会、2023年３月）

※　その他の経歴、著作・論文等、講演（セミナー）講師歴等の詳細につきましては、センチュリー法律事務所HP（https://century-law.com/）をご参照ください。

M&Aを成功に導く

中小企業の PMI 実践マニュアル　令和5年5月20日　初版発行

検印省略

〒101-0032
東京都千代田区岩本町1丁目2番19号
https://www.horei.co.jp/

著　者	皿　　谷　　　　将
発行者	青　　木　　健　　次
編集者	岩　　倉　　春　　光
印刷所	東　光　整　版　印　刷
製本所	国　　宝　　　　社

（営　業）　TEL　03-6858-6967　Eメール　syuppan@horei.co.jp
（通　販）　TEL　03-6858-6966　Eメール　book.order@horei.co.jp
（編　集）　FAX　03-6858-6957　Eメール　tankoubon@horei.co.jp

（オンラインショップ）https://www.horei.co.jp/iec/
（お詫びと訂正）https://www.horei.co.jp/book/owabi.shtml
（書籍の追加情報）https://www.horei.co.jp/book/osirasebook.shtml

※万一、本書の内容に誤記等が判明した場合には、上記「お詫びと訂正」に最新情報を掲載
しております。ホームページに掲載されていない内容につきましては、FAXまたはEメー
ルで編集までお問合せください。

税理士業務、企業実務に役立つ情報提供Webサービス

税理士情報サイト

Tax Accountant Information Site

https://www.horei.co.jp/zjs/

税理士情報サイトとは

「業務に役立つ情報を少しでも早く入手したい」
「業務で使える規定や書式を手軽にダウンロードしたい」
「日本法令の商品・セミナーを割引価格で利用したい」
などといった税理士の方のニーズにお応えする、
"信頼"と"実績"の総合Webサービスです。

税理士情報サイト
Tax Accountant Information Site

税理士情報サイトの

1 税理士業務書式文例集

税理士事務所の運営に必要な業務書式はもちろん、関与先企業の法人化の際に必要となる定款・議事録文例、就業規則等各種社内規程、その他税務署提出書式まで、約500種類の書式が、編集・入力が簡単なWord・Excel・Text形式で幅広く収録されています。

● 主な収録書式
各種案内・挨拶文例／業務処理書式／決算処理書式／税務署提出書式／労務書式／身元保証書等書式／取締役会議事録／株主総会議事録／売買契約書文例／賃貸借・使用貸借契約書文例／金銭消費貸借契約書文例／税理士法人関係書式／会計参与関係書式 ほか多数

2 ビジネス書式・文例集

企業の実務に必要となる書式、官庁への各種申請・届出様式、ビジネス文書、契約書等、2,000以上の書式・文例をWEB上でダウンロードすることができます（Microsoft Word・Microsoft Excel・PDF形式）。

● 主な収録書式
社内外で必要とされるビジネス文書約600文例／契約書約270文例／内容証明約470文例
会社規定19文例／各種申請書約800書式

3 電子書籍の無料提供

税理士にとって日頃の情報収集は必要不可欠。そこで、税理士情報サイトの有料会員向けに、年間に数冊、日本法令発刊の税理士向け書籍のWEB版（PDFファイル形式）を無料提供します。

4 ビジネスガイドWEB版

会社の総務・経理・人事で必要となる企業実務をテーマとした雑誌「月刊ビジネスガイド」のWEB版を無料で購読できます。

https://www.horei.co.jp/zjs/

お役立ちコンテンツ

5 税理士向け動画セミナー

無料会員向けの「セレクト動画」、有料会員向けの「プレミア動画」で、著名な税理士、弁護士、学者やその道のプロが、タイムリーなテーマを深く掘り下げてレクチャーします。いつでも時間が空いた時に視聴可能です。

6 税制改正情報ナビ

毎年度の税制改正に関する情報を整理し、詳しく解説します。税制改正に関する日々のニュース記事の配信と、日本法令刊『よくわかる税制改正と実務の徹底対策』WEB版、さらにはその著者による詳細な解説動画で、いち早く今年度改正の要点を押さえましょう！

7 税務判決・裁決例アーカイブ

税理士業務遂行上、さまざまな税務判断の場面で役立てたいのが過去の税務判決・裁決例。ただ、どの事例がどこにあるのか、探すのはなかなか一苦労だし、イチから読むのは時間がかかる…。そこで、このアーカイブでは「キーワード検索」と「サマリー」を駆使することで、参照したい判決・裁決例をピンポイントで探し出し、スピーディーに理解することが可能となります。

8 モデルフォーム集

税理士業務におけるチェック漏れによるミスを未然に防ぐため、さまざまな税務のチェック表、確認表、チェックリストほか、日常業務で活用できるオリジナルのモデルフォーマットを提示します。

9 弊社商品の割引販売

日本法令が制作・販売する書籍、雑誌、セミナー、DVD商品、様式などのすべての商品・サービスをZJS会員特別価格〈2割引き〉で購入できます。高額な商品ほど割引額が高く、お得です！

新刊書籍案内

合同会社設立・登記・運営がまるごとわかる本 ［第2版］

「合同会社まるごとわかる本」プロジェクトチーム／著

Ａ5判・312頁・定価2,090円

合同会社設立、その検討から手続の一切、そして運営1年目のポイントを教えます。

2023年4月刊　　　　電子版も販売

国税通則法コンメンタール　税務調査手続編

日本弁護士連合会・日弁連税制委員会／編集

Ａ5判・864頁・定価5,500円

税務調査手続に関する国税通則法の規定を逐条で徹底解説

2023年3月刊

図解　税務調査対応の法的反論マニュアル

弁護士　吉田　正毅／著

Ａ5判・188頁・定価2,420円

国税側の主張を法律的に整理すれば、正しい"反論"が見えてくる！

2023年3月刊　　　　電子版も販売

即解！　印紙税　要点ナビ

弁護士・税理士　寺本　吉男／編

Ａ5判・432頁・定価3,960円

課否判断も貼るべき印紙の額も、要点だけをすぐに押さえることが可能

2023年3月刊　　　　電子版も販売

4訂版　Q＆Aでよくわかる
消費税　インボイス対応　要点ナビ

税理士　熊王　征秀／著

Ａ5判・280頁・定価2,420円

令和5年度税制改正対応！　新制度「2割特例」について1章新設して解説！

2023年3月刊　　　　電子版も販売

はじめての法人税

税理士　浅見　透／著

Ａ5判・272頁・定価2,970円

難解で膨大な法人税法の読み方から、実務家視点で詳解

2023年3月刊

ご購入は、大型書店、ネット書店、もしくは税理士情報サイト（https://www.horei.co.jp/zjs/）「新刊案内」をご覧ください。